Spielraum für Kinder

Marguerite Rouard/Jacques Simon

Spielraum für Kinder

Von der Sandkiste zum Abenteuer-Spielplatz

Verlag Gerd Hatje Stuttgart

Wir danken Jean Louis Bernard für seine Mitarbeit.
M.R./J.S.

Übersetzung ins Deutsche: Antje Pehnt

(C) Copyright 1976 by Verlag Gerd Hatje, Stuttgart
ISBN 3 7757 0086 2

Inhalt

- 6 Statt eines Vorworts: "Rechenstunde" von Jacques Prévert
- 8 Das Spiel ist ein wesentlicher Bestandteil der Erziehung
- 10 Der Versuch einer Definition des Begriffs "Spiel"
- 12 Was bei der Planung von Spielplätzen und Spielgeräten zuallererst beachtet werden muß
- 14 Die verschiedenen Spielplatztypen
- 16 Von der Möglichkeit, auch in der Innenstadt Spielflächen zu schaffen
- 18 Fünf Beispiele für Spielgeräte
- 26 Kunststoff, Beton und Holz als Materialien für Spielgeräte
- 38 Es genügt nicht, den Kindern ein paar Spielgeräte vorzusetzen
- 40 Zwei Spielflächen in Baulücken
- 42 Zwei Spielflächen auf Gehsteigen
- 44 Drei Spielflächen auf Straßen
- 48 Zwei Spielflächen auf Plätzen
- 50 Zwei Spielflächen auf Dächern
- 52 Vier Schulhöfe
- 59 Siebzehn Spielflächen in Neubaugebieten
- 88 Zwei Gesamtplanungen für neue Städte
- 94 Von den unerschöpflichen Möglichkeiten des Wassers als Spielelement
- 96 Drei Spielflächen, bei denen das Wasser die Hauptrolle spielt
- 106 Fünf Spielflächen in der freien Natur
- 118 Rutschbahnen
- 120 Drei weitere Spielflächen in der freien Natur
- 128 Für Kinder ist der Bau einer Hütte eines der schönsten Erlebnisse
- 130 Ein Bauspielplatz
- 132 Die verschiedenen Spielplatztypen des Greater London Council
- 133 Sechs weitere Spielplätze, auf denen die Kinder aufgerufen sind, sich aktiv zu betätigen
- 140 Sechs Beispiele von "Aktionen"
- 152 Nachwort
- 154 Entwerfer
- 155 Gerätehersteller
- 156 Abbildungsnachweis

Rechenstunde

Zwei und zwei sind vier
Vier und vier sind acht
Acht und acht sind sechzehn
Wiederholen! sagt der Lehrer
Zwei und zwei sind vier
Vier und vier sind acht
Acht und acht sind sechzehn
Aber da fliegt der Wundervogel
Am Himmel vorbei
Das Kind sieht ihn
Das Kind hört ihn
Das Kind ruft ihn
Rette mich
Spiel mit mir
Vogel!
Da schwebt der Vogel nieder
Und spielt mit dem Kind
Zwei und zwei sind vier...
Wiederholen! sagt der Lehrer
Und das Kind spielt
Der Vogel spielt mit ihm
Vier und vier sind acht
Acht und acht sind sechzehn
Und wieviel sind sechzehn und sechzehn?
Sechzehn und sechzehn sind nichts
Und erst recht nicht zweiunddreißig
Denn das gibt ja keinen Sinn
Also schwinden sie dahin
Und das Kind hat den Vogel in seinem Pult versteckt
Und alle Kinder
Hören sein Lied
Und alle Kinder
Hören die Musik
Und nun verschwinden die Acht und Acht
Und die Vier und Vier und die Zwei und Zwei
Trollen sich
Und eins und eins sind weder eins noch zwei
Eins ums andre ziehn sie ab
Und der Wundervogel spielt
Und das Kind singt
Und der Lehrer schreit:
Wann hört ihr endlich mit dem Unsinn auf?
Aber alle Kinder
Horchen auf die Musik
Und die Wände des Klassenzimmers
Sinken friedlich ein
Und die Fensterscheiben werden wieder Sand
Die Tinte wird wieder Wasser
Die Pulte werden wieder Bäume
Die Kreide wird wieder Felsen
Der Federhalter wird wieder Vogel.

Jacques Prévert

Es versteht sich von selbst, daß die Kindererziehung zu wichtig ist, als daß sie nur in Händen von Spezialisten liegen sollte. Das Spiel stellt einen wesentlichen Bestandteil der Erziehung dar, und es ist viel mehr vonnöten als die simple Einrichtung eines Spielbereichs.

Die UNO-Charta über die Rechte der Kinder empfiehlt, daß "die Politik darauf hinwirkt, dem Kind eine gesunde Entwicklung im physischen, intellektuellen, moralischen, geistigen und sozialen Bereich zu ermöglichen und seine Freiheit und Würde zu gewährleisten... Das Kind muß jede Möglichkeit haben, sich jenen Spielen und Freizeitbeschäftigungen hinzugeben, die auf pädagogisch wünschenswerte Ziele hin orientiert sind."

Es scheint aber, daß Einrichtungen für die Kinder als mehr oder weniger paternalistische Maßnahmen angesehen werden, als wohltätige Aktionen zugunsten jener hilflosen Wesen, denen man helfen muß, Menschen zu werden.

Die unterschiedlichen Fähigkeiten spiegeln zumeist die unterschiedlichen materiellen, moralischen und intellektuellen Voraussetzungen der Familie wider. Man muß also diese Ungleichheit der Chancen zunächst aufzuheben versuchen, indem man die Lebensbedingungen des Kindes radikal ändert und die erzieherischen Methoden und Inhalte in Frage stellt. Erziehung und Freizeit lassen sich nicht willkürlich voneinander trennen. Gewöhnlich faßt man das Wort "Freizeit" als etwas auf, das eine beliebige Zutat zum Leben, zum Engagement und zur Entwicklung darstellt. Das würde bedeuten, daß Freizeit einen Luxus und ein Privileg darstellt.

In Wirklichkeit ist Freizeit aber ein wesentlicher Bestandteil der Erziehung und der Kultur bei Kindern wie bei Erwachsenen. Wichtig ist dabei weniger die Art der Tätigkeit als die Form der Aneignung, der Kommunikation und der Verwirklichung und auch der Rhythmus und das Klima, in dem die Aktivitäten stattfinden. Psychologische Untersuchungen haben ergeben, daß das Kind im Grunde keinen Unterschied zwischen Arbeit und Spiel macht.

Die Lebensbedingungen der modernen Städte machen die Kinder zu Opfern. Wie kann ihre Phantasie angesichts der architektonischen Einförmigkeit, der monotonen Häuserblöcke aus Glas und Beton angeregt werden? Wie können sie sich frei fühlen, wenn sie ständig durch Autos in Gefahr geraten? Welche konstruktiven Lebenserfahrungen können sie in den öden Bereichen der Schlafstädte gewinnen? Wie können sie ihr Bedürfnis befriedigen, im Freien herumzutoben, wenn die Grünflächen nicht ausreichen und häufig unbenutzbar sind, wenn das Betreten des Rasens und Ballspiele verboten sind und wenn sie nirgendwo ein Versteck finden?

In keiner Stadt der Welt steht den Kindern genügend Platz für ihre Spiele zur Verfügung. Es ist sinnlos, sich auf die Bedürfnisse des Kindes zu berufen und Normen zu nennen, auf deren Erfüllung es ein Recht habe. Sein Anteil am Gesamtbudget des städtischen Raumes ist viel zu knapp bemessen. Die Ökonomie sorgt dafür, daß den Kindern nur ein bescheidenes Stückchen Grün zugeteilt wird.

Das Kind ist weder Konsument noch Produzent. Und dennoch: Gerade jetzt, wo die Straße wegen des unvermeidlichen Autos nur noch eine entwürdigende und erniedrigende Nutzfläche zu bieten vermag, wäre der Augenblick der Besinnung gekommen. Denn sonst herrscht immer der Stärkere und besteht auf seinen Rechten.

Bei Versammlungen, Kongressen und Seminaren werden viele gute Absichten laut. Man zitiert unbefriedigendes Zahlenmaterial aus dieser oder jener Stadt und vergleicht es mit den tatsächlichen Bedürfnissen. Man macht Programme, stellt Berechnungen auf und legt Maßstäbe fest, die dann den Konsumenten im weitesten Sinne überlassen werden. Aber schlimmer noch: Die Zahl der Spezialisten, die Verantwortung für die Bereiche Grundstückserwerb, Finanzen, Recht oder städtebauliche Planung tragen – ganz zu schweigen von den Bereichen Soziologie, Freizeitplanung, Medizin, Kultur und Pädagogik –, ist ungeheuer groß. Es ist also schwierig und selten möglich, eine solche Vielzahl von Spezialisten an einen Tisch zu bekommen. Im Grunde handelt es sich immer um geschlossene Veranstaltungen, die nicht viel zustande bringen, weil sie nur gute Absichten kundtun und einer weitergehenden Konfrontation ausweichen.

Das Spiel ist eine freie Tätigkeit, die wenig mit Sport, mit Kultur oder mit Gesellschaftsspiel gemeinsam hat. Das Spiel ist ein Bedürfnis, das man dem Kind nicht austreiben darf. Das Spiel ist der Ausbruch ins Freie, es hilft dem Kind, mit allen schädlichen Einflüssen fertigzuwerden. Das Spiel ist ein Stimulans, das sich seine Handlungsorte nicht aussucht. Das Spiel kennt weder Doktrinen noch Prinzipien; es ist eine Notwendigkeit, eine ständig wiederkehrende Epidemie, die plötzlich aufflackert, um sich greift, wieder abnimmt und dann von neuem entflammt. Das Spiel befreit von allen Zwängen und schafft immer neue Freuden.

Haus, Straße und Schule müssen vorbehaltlos dazu beitragen, daß der wichtigste Lebensausdruck, das Spiel, verwirklicht werden kann. Sie sollten keine Orte sein, wo das Verhältnis des Kindes zum Raum sich "normalisiert" und aus dem Spiel manipulierbare Technik wird.

Die Spielgeräte mit ihren vorbestimmten Konstruktionen erinnern zumeist an ausgestellte Waren, bei denen das Verhalten des Kindes sich nach den Objekten und ihren Gebrauchsmöglichkeiten richten muß. Wird aber der Bereich des Spiels so stark und so brutal durch die Produktion beherrscht, ist das Kind von seinen natürlichen Quellen abgeschnitten, was verhängnisvolle Folgen haben kann.

Das Kind braucht eine bestimmte Zahl von Befriedigungserlebnissen, um sich normal zu entwickeln. Ohne solche Erlebnisse gerät es in Schwierigkeiten. Die Freisetzung des Instinkts durch freie Handlung stellt eine Art Sicherheitsventil dar. Das Kind erlebt einen Moment der Befreiung, der sich aus seinem sonstigen Alltag heraushebt. Das Kind ist der Konsument der Spiele, aber man gibt ihm nicht die Möglichkeit, sie zu konsumieren. Seine Wünsche, seine Bedürfnisse, seine Hoffnungen, seine Phantasien werden weder in den Stunden der "Erziehung" noch in den Stunden der "Freizeit" befriedigt. Die physische Freude am Spiel ist wichtig für eine freie, harmonische und schöpferische Entwicklung.

Die Erziehung des Kindes ist umfassend und permanent. Deshalb müssen zunächst einmal die Erwachsenen erzogen werden.

Das Kind darf nicht als Freizeit-Konsument betrachtet werden. Es braucht die Freizeit, um sich die Welt auf seinem Niveau neu zu erschaffen - als Instrument des Begreifens, des Lernens. Für das Kind bedeutet das Spiel weniger Entspannung als ernstzunehmende, notwendige Tätigkeit, gleichgültig durch welchen Anlaß sie ausgelöst wird. In der Freizeitbeschäftigung des Kindes lassen sich bestimmte Bedürfnisse erkennen, die man etwa wie folgt unterscheiden könnte: das Bedürfnis nach Isolation, die ihm als Lektüre, Schreiben, Malen und Einzelspiel einen Einblick in die Welt des Individuellen bietet; das Bedürfnis, mit gleichaltrigen Kameraden zusammenzusein; das Bedürfnis, sich zu bestätigen und in einem Teil der Freizeit seine Unabhängigkeit zu beweisen; und schließlich das Bedürfnis oder vielmehr der Drang nach Entdeckungen.

Das Kind findet in seinen Freizeitbeschäftigungen einen Ausgleich für seine Situation. Wenn es in starker Abhängigkeit steht und Gehorsam üben muß, benutzt es die Kräfte seiner Helden, um jene Situationen durchzuspielen, die es beunruhigt haben, und um sie auf seine Weise zu bewältigen. Die Freizeit ist die Zeit, in der es seine Persönlichkeit ausbildet und sich ausdrücken kann, in der es sich selbst durch andere kennenlernt, in der es Verbindung zu anderen Menschen, zur Natur, zum Leben bekommt, in der es die für den Erwerb von Kenntnissen und für die Entwicklung seiner Persönlichkeit nötige Aktivität entwickeln kann.

Mit einem Zeitbudget von 2300 Spielstunden pro Jahr hat das Kind ein Anrecht auf frische Luft, Sonne, Entspannung, auf physische Sicherheit, Aktivität und vielfältige Ausdrucksmöglichkeiten.

1	2
3	4
5	6

Früher konnten die Kinder überall ihren Spielen nachgehen. Dann kam man darauf, daß man ihnen besondere Plätze zur Verfügung stellen müßte. Da sich solche Einrichtungen finanziell in keiner Weise rentieren, wurden sie dorthin verbannt, wo Gebäude, Verkehr und Parkplätze noch ein Restchen Boden freigelassen hatten. Die Architekten oder Unternehmer, die mit dem Bau eines Spielplatzes beauftragt waren, hielten diese Aufgabe für völlig nebensächlich und begnügten sich damit, die ewigen Rutschbahnen, Sandkästen und Klettergerüste zu installieren, die das Bild des Spielplatzes schlechthin geprägt haben.

Das Resultat ließ nicht auf sich warten: Die Kinder lehnten die unzureichenden, mit statischem Mobiliar garnierten Plätze ab. Sie verschmähten das Almosen, das ihnen die merkantile Gesellschaft anbot. Hunderte von Untersuchungen zeigen, welche Bedürfnisse sie haben: Sie brauchen dynamische Orte mit vielfältigen Anregungen, wo alle Sinne sich entwickeln und wo die Kinder einzeln oder in Gruppen die Entdeckungen machen können, die zu ihrer Persönlichkeitsbildung beitragen.

Zunächst verwandelt das Kind, während es auf den Ausflug am Wochenende wartet, die Wohnung in eine Radrennbahn; dann heißt es eines Tages: "Ich will nicht, daß man sich über mich lustig macht, ich gehe mit meinem Fahrrad nach unten, niemand kann mich daran hindern."

Die Spielimpulse ändern sich und mit ihnen die Maßstäbe. Die Spielsachen, die Eisenbahn, die Schachteln mit Perlen, die Zinnsoldaten, der Baukasten kommen mit auf die Straße zu den Spielkameraden. Die Kinder entwickeln allmählich ein Bedürfnis nach Freiheit, das immer mehr in den Vordergrund tritt. Draußen finden sie alles. Alles wird ihnen vertraut, alles gehört ihnen. Die Ernüchterung läßt freilich nicht lange auf sich warten: Nach dem Haus wird ihnen auch die Straße zu eng.

Die Aufgaben der Planer sind somit eindeutig. Sie müssen den Spielplätzen jene Bereiche zuweisen, die am besten vor dem Verkehr geschützt sind, am meisten Sonne erhalten und von den Formen her am attraktivsten und dynamischsten sind. Sie müssen den Spielplatz so gestalten, daß Zonen für Entspannung, Aktivität, Überraschung, Begegnung, Isolation oder Gruppenbildung zur Verfügung stehen. Sind Spielgeräte vorgesehen, sollten sie sich logisch in das Gelände einfügen und vor allem nicht die Entfaltung der Phantasie behindern, sondern im Gegenteil eine große Vielfalt von Nutzungsmöglichkeiten bieten.

Die Gestaltung der Spielgeräte muß sich nach den Altersstufen richten, für die sie bestimmt sind. Dabei sollte auch das Vorbild der Natur eine Rolle spielen, denn die Zyklen des Wachstums sind wichtige Bezugspunkte für den Lernenden.

Eine konstruktive Politik, die das Wohl des Kindes im Auge hat und sich die Möglichkeiten zur Durchsetzung ihrer Ziele verschafft, würde dazu beitragen, die Anpassungsschwierigkeiten der Kinder zu mildern, würde eine wichtige Ergänzung zur Erziehung in Schule und Familie bieten.

Spielplätze sollten in Konzeption und Einrichtung für alle Altersstufen geplant werden; sie sollten die unterschiedlichsten Aktivitäten ermöglichen, ob sie nun gleichzeitig oder nacheinander ausgeführt werden, und zugleich einen Ort der Begegnung darstellen, der den Kindern neue Anregungen vermittelt. Die Toleranz der einen soll es den anderen erlauben, ihre Bedürfnisse auszudrücken.

Die Straße muß zeitweilig oder auch endgültig für spielerische Aktivitäten wiedergewonnen werden. In jedem Viertel der Stadt sollte es 200 bis 500 m² große Gelände geben, die so gestaltet sind, daß Beschädigung und Verwitterung oder kostspielige Unterhaltung vermieden werden. Auf diesen winzigen Grundstücken sollte es weder Bäume noch Rasenflächen geben. Denn es handelt sich hier um leere Zellen im dichten städtischen Gefüge, um Bereiche, die nur dem Spiel dienen.

Zonen mit Flächen von 500 bis 10000 m² sollen durch ihre freie oder gärtnerisch gestaltete Vegetation und ihre Bodenmodellierung zur Verschönerung der Stadt beitragen. Ihre Einrichtung hängt von der Zahl der Benutzer und den natürlichen Voraussetzungen ab. Jedenfalls sollten solche Bereiche weder völlig mineralisch noch völlig vegetabilisch sein. Wenn beide Elemente vorhanden sind, können Entspannung und Aktivität nebeneinander stattfinden.

In jedem Stadtviertel sollte außerdem ein beaufsichtigter und möglicherweise überdeckter Bereich mit einer Größe von 500 bis 2000 m² zur Verfügung stehen, in dem die Kinder tun können, was sie wollen, von der Aufzucht kleiner Tiere bis zum Bau von Hütten. Die Eltern sollten zu dieser Zone keinen Zugang erhalten, damit sie den ausgelassenen Tatendrang der Kinder nicht behindern.

Schließlich wäre in jedem Viertel ein baumbestandenes Grundstück mit Kräutern, Brombeersträuchern und Büschen wünschenswert. Es könnte sich dabei um brachliegendes Gelände handeln, dessen künftige Nutzung noch nicht geklärt ist und das auf Grund einer Vereinbarung zwischen dem Eigentümer und den interessierten Gesellschaften zeitweilig zur Verfügung gestellt wird.

Die öffentlichen Parks nehmen je nach der Größe der Stadt 1 bis 20 ha ein, manchmal auch mehr. Auch wenn Bäume und Wiesen vorherrschen, müßten sie sich so gestalten lassen, daß ein großer Bereich für das Spiel übrigbleibt. Gewöhnlich ist so viel Platz vorhanden, daß die Natur keinen Schaden nimmt. Durch vorsichtige Ausforstung könnte man zum Beispiel verwilderte Naturbereiche schaffen, sumpfige Bereiche, felsige Bereiche und solche mit Gerümpel für allerlei Bauten, außerdem Lehrgärten, Rasenflächen, Täler und Hügel.

Schulen sollten - über den Pausenhof hinaus - ebenso wie Sportanlagen mit einem Bereich für die verschiedensten Freiluftaktivitäten ausgestattet werden.

Geeignete Flächen, die häufig mit geringen Kosten für alle erdenklichen Aktivitäten hergerichtet werden können, sind auch die Ufer eines Flusses, der die Stadt durchquert, ein Abrißviertel mit alten Häusern, eine stillgelegte Fabrik, die Flachdächer von Mietshäusern, Kiesgruben, Steinbrüche oder aufgelassene Straßen.

Angesichts des Mangels an Spielplätzen müßten die Städte dazu übergehen, einen Teil ihrer Rathaus- und Marktplätze in Spielflächen umzuwandeln. Vorstellbar wäre auch der stärkere Einsatz von mobilen Spielwagen, die in Parks, auf Plätzen und auf Fußgängerstraßen ihre Aktivitäten entfalten.

Im Herzen der Städte, in denen kaum Grünflächen vorhanden sind, gibt es viele Räumlichkeiten, die als Spielflächen genutzt werden könnten: Lagerräume, Schuppen, Turnhallen, Ausstellungssäle, Tanzsäle, Einkaufszentren, Schulen usw. Diese Räume könnten zu bestimmten Zeiten geöffnet werden; unter der Anleitung eines pädagogischen Spielleiters ließen sich, je nach Größe des Raumes, die vielfältigsten Spiele organisieren.

Solche Veranstaltungen für Kinder können ohne festgelegte Regeln von Mietervereinigungen, Gewerkschaften, Gemeinden oder Firmen durchgeführt werden. Die vielfältigen Spielangebote erlauben es jeder Altersklasse, sich ihren Möglichkeiten entsprechend zu betätigen. Der Erfolg solcher Spielbereiche hängt davon ab, wie vielfältig sie genutzt werden und wie gut sie ausgestattet sind. Jedenfalls können sie - bei geringen Kosten - ein wahres Paradies für Kinder werden.

Kinderstadt, IGA '73, Hamburg

Entwurf: Hilde Richter
Fertigstellung: 1973

Die Planung dieses Spielplatzes wurde einem Hersteller von Spielgeräten aus Holz anvertraut. Es gibt zahlreiche Firmen, die sich auf die komplette Einrichtung von Kinderspielplätzen spezialisiert haben. Sie übernehmen alles, von den Erdarbeiten über die Montage ihrer Spielgeräte bis hin zur Pflasterung, zur Bepflanzung und zur Einsaat des Rasens.

Holz in Palisadenform ist zur Zeit außerordentlich beliebt, weil es stabil ist und viele Gestaltungsmöglichkeiten bietet. Außerdem fügt es sich besser in die Natur ein als Metall, Kunststoff oder Beton, deren man ein wenig überdrüssig geworden ist.

Lozziwurm

Entwurf: Iwan Pestalozzi
Entwurfsjahr: 1972

Der Lozziwurm - hier auf einem Schulhof aufgestellt - ist ein aus Polyesterrohren mit einem Durchmesser von 90 cm zusammengesetztes Kletter-, Kriech- und Rutschgerät. Obwohl nur mit zwei Elementtypen gearbeitet wird - einem geraden Stück und einem 90°-Bogen -, lassen sich die verschiedenartigsten Formen erzeugen. Der Lozziwurm kann auf jedem festen Untergrund aufgestellt werden. Die Verbindung der Elemente erfolgt durch Kupplungsringe; zur Fixierung dienten bei der früheren Ausführung Spannbügel, während hierzu heute Schraubverschlüsse verwendet werden.

1
2

Riesen-Seilzirkus, Revierpark Vonderort bei Oberhausen

Entwurf: Conrad Roland
Fertigstellung: 1973

Diese Anlage bietet ein bemerkenswertes Beispiel für präfabrizierte Produkte. Wegen seiner Leichtigkeit und seiner unkomplizierten Montage kann das System fast überall eingesetzt werden, zum Beispiel auch für Kinderfeste oder besondere Veranstaltungen.

Die Kletterkonstruktion ist für alle Altersstufen - mit Ausnahme von Kleinkindern - geeignet. Mit seinem "industriellen" Charakter paßt das System ebenso gut in eine künstliche wie in eine natürliche Umgebung.

20

Kletternetz im Hillside Adventure Playground, Islington, London

Entwurf und Ausführung: Studenten der Architectural Association School of Architecture unter der Leitung von Mark Fisher, Don Gray, Erik Millstone und Paul Green Armytage
Fertigstellung: 1974

Dieses Kletternetz, das sich zusammenlegen läßt (2), wurde in einen bereits vorhandenen Abenteuerspielplatz integriert.

Die Herstellung erfolgte in einem benachbarten Schuppen, der der Gemeinde gehört; die Arbeit nahm ungefähr zwei Monate in Anspruch. Bei der ersten Aktion, die zwei Tage dauerte, waren sechzig Kinder zugegen: Die Kinder waren begeistert, der Erfolg war groß. Bedauerlich ist nur, daß die Herstellung durch die Verwendung von Spezialmaterial so teuer wurde und daß keine Bewohner des Viertels beteiligt werden konnten.

Textiler Kinderspielplatz auf der IGA '73, Hamburg

Entwurf: Roman Antonoff
Fertigstellung: 1973

Dieser vom Gesamtverband der Textilindustrie in der Bundesrepublik Deutschland gestiftete Spielplatz sollte zeigen, welche besonderen, mit starren Materialien nicht erreichbaren Spielmöglichkeiten in textilen Materialien stecken. Die Anlage setzte sich aus zehn "schwebenden" Zelten, dreihundert Textilbausteinen, einem Schaukel- und Klettergerüst ("Tarzaneum"), zwei Baumhäusern und einem Spiralhaus zusammen.

Die "schwebenden" Zelte (1) waren in Dreierböcken aus massiven Holzpfählen eingehängt und konnten in Rotations- und Pendelbewegungen versetzt werden. Die etwa handkoffergroßen Textilbausteine (5) bestanden aus buntem wetterfesten Stoff und einem leichten Kunststoffgranulat als Füllung; ihre planflächige Form erlaubte es, sie zu beliebig geformten Baukörpern aufzustapeln. Beim Tarzaneum (7), für das die Tarzan-Filme Pate standen, waren dreihundert Hanfseile, an denen sich die Kinder wie an Lianen schwingend vorwärtsbewegen konnten, in ein Traggestell aus Stahl und Holz eingehängt. Die Baumhäuser (4,6) und das Spiralhaus (2,3) bestanden in ihrer Grundstruktur aus zu Kuboktaedern zusammengefügten Rahmenhölzern. In diesen hingen bei den Baumhäusern Netze und Seile, beim Spiralhaus ein 15 Tonnen schwerer Tampen.

		3	4	5
1	2	6	7	

Mit der Einführung von Kunststoff für Kinderspielzeug wurde eine wichtige Entwicklung in Gang gesetzt. Da Kunststoffobjekte als Industrieprodukte in großen Serien hergestellt werden können, sind die Fabrikationskosten relativ niedrig. Ein Nachteil ist freilich, daß die Wiederholung zur Monotonie führen kann. Deshalb bieten manche Fabrikanten kombinierbare Elemente an, die den Benutzern Variationen erlauben.

Kunststoff bietet Möglichkeiten, die kein anderes Material aufweist: Selbst große Objekte sind so leicht, daß Kinder sie ohne Schwierigkeiten umbauen können. Ein weiteres wichtiges Charakteristikum sind die kräftigen, sehr dauerhaften Farben. Neben den üblichen industriell vorgefertigten Objekten lassen sich mit Kunststoff zahlreiche weitere Formen verwirklichen: künstliche Hügel, Grotten, simulierte Vulkaneruptionen und dergleichen mehr.

Da Beton weitaus preiswerter ist als Kunststoff, findet er viel häufiger als dieser auf Spielplätzen Verwendung. Er kann an Ort und Stelle gegossen oder präfabriziert werden. Seine Oberfläche kann glatt oder rauh sein, sie kann gestrichen oder roh belassen werden. Schließlich wird die Aufstellung durch das hohe Gewicht erleichtert, das den Beton standfest macht.

Formelemente sind so billig, daß selbst weiträumige Flächen großzügig ausgestattet werden können. Bei Bodenelementen empfiehlt sich Beton wegen der vielseitigen Nutzungsmöglichkeiten und wegen seiner Witterungsbeständigkeit. Er ist also besonders für feste Einrichtungen geeignet, die nicht überwacht werden. Bei der Härte des Materials sollten freilich spitze Kanten an Kletter- und Springelementen vermieden werden.

Holz ist bei Kindern zweifellos das beliebteste Material, weil es widerstandsfähig ist und zugleich verändert werden kann.

Überall findet man Holzstücke, um Feuer zu machen, Buden zu bauen, zu basteln oder zu schnitzen. Aus grünem Holz lassen sich Bogen herstellen; Kiefernborke eignet sich hervorragend für den Bau kleiner Schiffe; Abfälle von Baustellen (Schalungsholz, Sperrholz, Leisten usw.) werden zum Bau von Hütten und anderen Konstruktionen verwendet - sie bieten unzählige Kombinationsmöglichkeiten, so daß immer wieder neue Formen und Funktionen entstehen.

Als leicht zu transportierender, natürlicher Baustoff ist Holz ein wichtiges Material, das die schöpferischen Fähigkeiten der Kinder fördert.

Auf dem Lande können die Kinder Hügel erklimmen, auf Bäume klettern oder durch Wälder streifen. In der Stadt muß ihnen die Möglichkeit gegeben werden, auf entsprechend eingerichteten Spielplätzen ihre physischen Kräfte zu erproben. Es genügt nicht, ihnen ein paar Spielgeräte hinzustellen; auch die Gestaltung des Geländes spielt eine wichtige Rolle: Bodenmodellierungen, Unregelmäßigkeiten des Terrains und Vegetation fordern zusammen mit präfabrizierten Produkten (Rutschbahnen, Kletterstangen, Treppen, Netze) das Kind dazu auf, zu springen, zu klettern, zu hangeln und seinen Gleichgewichtssinn zu entdecken.

Joseph Weinstein Neighbourhood Park, Lefferts Place, Brooklyn, New York

Entwurf: M. Paul Friedberg & Associates
Fertigstellung: 1966

Dieser kleine Platz liegt in einem Arbeiterviertel in unmittelbarer Nähe der Wohnungen und ist dadurch ein Ort der Entspannung für jene Bewohner, denen eine Fahrt ins Grüne nicht immer möglich ist.

Solche "Westentaschenparks" entstehen im allgemeinen auf den Grundstücken von zwei oder drei baufälligen Häusern, deren Renovierung nicht mehr lohnend erscheint. Das Gelände wird von der Stadt angekauft und unter die Obhut eines Amtes der Behörde für Stadtentwicklung gestellt. Für die Ausführung der Arbeiten sorgen freie Unternehmen oder - wie in diesem Fall - das Arbeitsamt, das die Arbeitslosen des Viertels einsetzt.

Die Ansicht vor Beginn der Arbeiten (1) gibt eine Vorstellung davon, wie sich das Gelände bis zum Tag der Eröffnung verändert hat.

Public School 166 Playground, Manhattan, New York

Entwurf: M. Paul Friedberg & Associates
Fertigstellung: 1968

Das vorher unbebaute Grundstück konnte durch die finanzielle Unterstützung der Astor Foundation vom Gartenamt der Stadt in kurzer Zeit in einen "pocket park" verwandelt werden. Ursprünglich war ein traditioneller Schulhof vorgesehen, doch dann wurde beschlossen, hier zugleich auch einen Spielbereich für die Kinder des Viertels zu schaffen.

Der Platz ist mit Bänken ausgestattet, von denen aus die Eltern ihren Kindern zusehen oder den Schulschluß abwarten können, ohne die Spiele zu stören. Außerdem verfügt der Platz über ein Amphitheater, das sich im Sommer in ein Schwimmbecken verwandelt. Ein Brunnen, dessen Wasserstrahlen unter den Stufen hervorkommen, bestäubt die Mitte des Platzes.

Da der Architekt Toiletten und Wasserreservoir in einen mit Granit gepflasterten Hügel verlegte, entstanden geneigte Flächen für Rutschpartien und andere Spiele. Außerdem schuf der Architekt einen kleinen Hof für Kleinkinder, wo sie die für ihre Altersstufe günstigsten Spielbedingungen vorfinden. Dieser Spielbereich ist um der Sicherheit und um der einheitlichen ästhetischen Wirkung willen einen Meter tiefer als die Straße gelegt.

Das Beispiel beweist, daß nicht erst eine Sanierung des ganzen Viertels abgewartet werden muß, sondern daß sich auch mit geringem finanziellen Aufwand ein Spielbereich für die Kinder schaffen läßt.

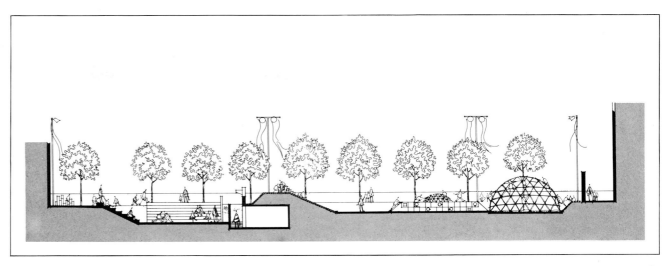

Bürgersteige in Roubaix

Entwurf: Jacques Simon
Fertigstellung: 1966

Alle nach Süden orientierten Bürgersteige (4 bis 10 m breit) wurden als Spielbereiche gestaltet. Die Durchgänge sind mit wellenförmigen Betonplatten ausgelegt, und die ursprünglich vorgesehenen Rasenflächen wurden mit kleinen schwarzen und weißen Steinen gepflastert, die den Erdboden graphisch markieren. Dieses Material erlaubt sowohl Aufwölbungen als auch Vertiefungen und erleichtert die Installation der aus Metall oder Beton bestehenden Spielelemente.

Unmittelbar unter den Fenstern von Wohnhäusern können solche Anlagen nur selten verwirklicht werden, weil sie die Ruhe der Anwohner stören. Selbst wenn Spielflächen fehlen, werden die üblichen Lösungen mit Rasen, Blumen und Büschen bevorzugt, die dann oft dem Tatendrang der Kinder anheimfallen.

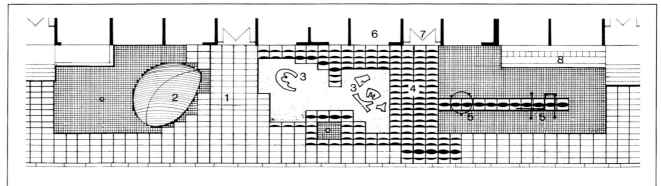

1 Trottoir
2 Spielkrater
3 Betonelemente
4 gebogene Betonplatten
5 Metallelemente
6 Gebäude
7 Eingang
8 Kellereingang

Bürgersteig mit Spielfläche in der Cité d'Almont, Melun

Entwurf: M. Saint Maurice
Fertigstellung: 1972

Der Planer hat sich darum bemüht, der Überbreite des Bürgersteigs zwischen der Straße und den Mietshäusern entgegenzuwirken. Das Medaillon im Zentrum läßt den Zugang zu den Eingängen frei; es ist gekurvt und angeböscht, damit die Kinder Verstecke und Schlupfwinkel finden. In ähnlicher Weise setzen sich die Anlagen an den Giebelseiten und vor den Straßeneingängen fort. Die Konstruktionen aus Eisenbahnschwellen sind linear an Stellen montiert, wo sie den Fußgängerverkehr nicht behindern.

Fußgängerzone in Amiens

Entwurf: Bernard Gogois
Fertigstellung: 1971

Diese zentrale Fußgängerzone ist von Bauten unterschiedlicher Höhe gesäumt, zwischen denen sich der Weg bald verengt, bald verbreitert. Man steigt auf eine Fußgängerbrücke, geht unter einem Gebäude hindurch, um eine Ecke herum, eine leicht ansteigende Rampe hinauf und gelangt zu einer fliesenbelegten Fläche, die Ausblick auf einen Spielplatz gewährt.

Man muß sich geradezu einen Weg durch das Labyrinth bemalter Betonelemente bahnen. Die Elemente dienen als Plattformen, Stufen, Bänke, Baumeinfassungen, Begrenzungen, Skulpturen, Sandkastenränder und Malflächen für die Kinder.

Für die Beleuchtung des Fußgängerweges sorgen orangefarbene Projektoren, die auf den Gebäuden montiert sind. Dadurch entsteht der Eindruck einer Theaterkulisse, die verwirrend und beruhigend zugleich wirkt.

Spielplatz in Bedford-Stuyvesant, Brooklyn, New York

Entwurf: M. Paul Friedberg & Associates
Fertigstellung: 1970

Es handelt sich hier um eine Straße, von der die Autos verbannt wurden, um Platz für einen Spiel- und Erholungsbereich zu schaffen. In dem armen Viertel gab es vorher nur Bänke und Mauern zum Ausruhen. Jetzt dagegen bieten sich viele Möglichkeiten, sich zu setzen, spazierenzugehen, zu springen, zu laufen und zu klettern. Im Gegensatz zu den meisten Fußgängerstraßen ist diese radikale Lösung ganz auf die neue Nutzung abgestellt. Durch die Schaffung unterschiedlicher Formen und Ebenen wurde eine strenge Linearität vermieden.

Spielplatz an der Vaandrig- und der Hooger-
werffstraat, Rotterdam

Entwurf: Amt für Stadtentwicklung der Stadt
Rotterdam
Fertigstellung: 1973

Diese Spielflächen, die für jeglichen Verkehr
gesperrt sind, bieten die Möglichkeit, der
Straße ihren Sinn wiederzugeben. Die beiden
Straßenstücke sind zu einem Ort der Begegnung
zwischen den Nachbarn geworden. Die Bäume
blieben erhalten und wurden in die neue Anlage, die von Palisaden umgebene Sandkästen
(3), leichte Klettergerüste (2) und ein
Schachspiel (4) enthält, einbezogen.

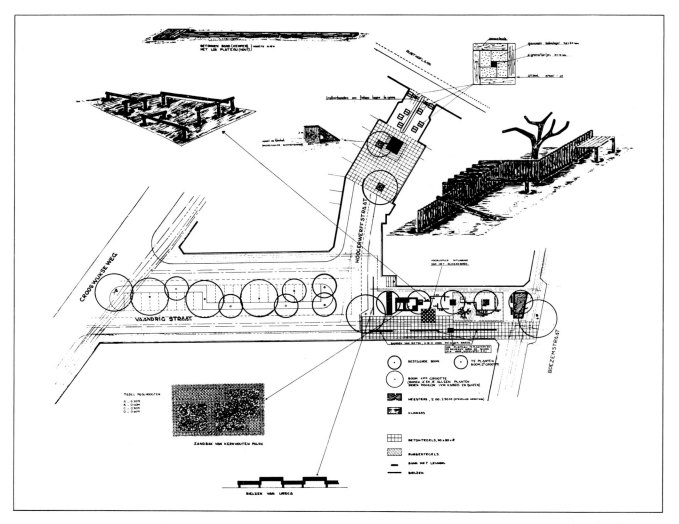

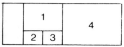

Spielplatz auf dem Ravelijnplein, Rotterdam

Entwurf: Amt für Stadtentwicklung der Stadt Rotterdam
Fertigstellung: 1971

Statt die Pausenzonen völlig in den Schulorganismus zu integrieren, hat sich die Stadt entschlossen, einen offenen Spielbereich zu schaffen. Dieser Bereich kann in den Pausen, in den Wartezeiten vor Beginn des Unterrichts und in der Freizeit genutzt werden. Die Spielgeräte sind mit synthetischem Kautschuk unterlegt, damit gefährliche Stürze vermieden werden. Ebenfalls aus Sicherheitsgründen wurden die Ränder der Sandbuchten abgerundet.

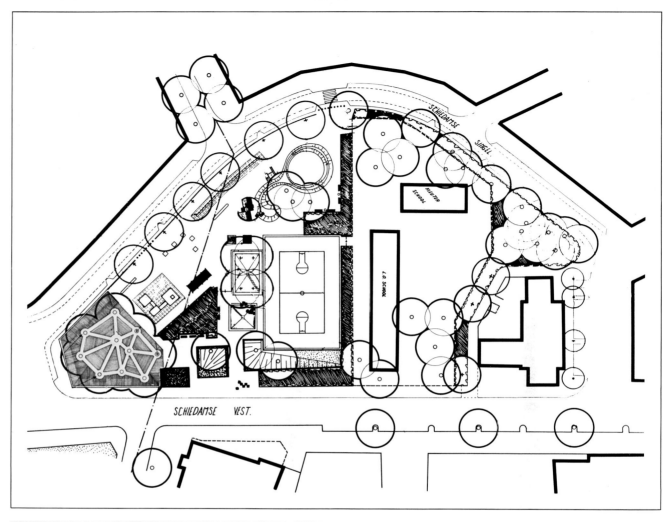

Pijnakerplein, Rotterdam

Entwurf: Amt für Stadtentwicklung der Stadt Rotterdam
Fertigstellung: 1971

Im Zuge der städtebaulichen Erneuerung des Viertels wurde der Platz in zwei Bereiche geteilt.

Die eine Hälfte ist besonderen Veranstaltungen vorbehalten. In der Mitte liegt ein erhöhter Musikpavillon. Die vorhandenen Bäume wurden erhalten, sie sind die einzigen hochstämmigen Bepflanzungen des Platzes.

Der andere Teil liegt wie zuvor etwas tiefer als die Straße und bietet viele Spiel- und Erholungsmöglichkeiten: Planschbecken, Sandkasten, gemauerte Bänke, Schutzdach, eine riesige Raupe aus gelbem Kunststoff usw. Für den Bodenbelag wurde Abbruchmaterial aus der Nachbarschaft verwendet. Die Ruhezonen sind durch Backsteinmauern und Palisaden gegen den Autoverkehr abgeschirmt.

Spielplatz auf dem Landsbury Market, London

Entwurf: Greater London Council
Fertigstellung: 1972

Die Autos parken im Untergeschoß, Markt und technische Einrichtungen sind im Erdgeschoß untergebracht und Spielflächen für die Kinder auf der Terrasse. Die Wohnungen und Balkons sind auf den Spielplatz hin orientiert, so daß die Kinder von den Fenstern aus beobachtet werden können. Der graphischen Figur, die sich von oben erkennen läßt (liegender Mann), entsprechen die Elemente der Spielfläche (aufgemalte Wege, Klettermauern, Metallgerüste zum Turnen). Die Schatten der ein wenig aggressiv wirkenden Mauern mit ihren scharfen Kanten verändern sich je nach dem Sonnenstand. Wären die Laternen weniger konventionell und bestünde eine engere Beziehung zur Vegetation auf dem Erdniveau, so wäre dieser Platz eine völlig gelungene Lösung.

1
2

Spielplatz auf der Dachterrasse einer Feuerwache in München

Planung: Kurt Ackermann + Partner
Fertigstellung: 1972

Ein Vierteljahrhundert nach der Unité d'Habitation in Marseille von Le Corbusier muß man feststellen, daß die Möglichkeit, auf den Dächern der Häuser die verlorenen Bodenflächen wiederzugewinnen, nur sehr selten genutzt worden ist. Hausdächer schützen vor den Gefahren der Straße und vor den Auspuffgasen der Autos und sind deshalb ideale Kinderspielplätze und Freiluftbereiche. Auf Vegetation muß man zwar weitgehend verzichten, doch Luft und Sonne sind nicht rationiert. Während das Straßenniveau dieses Gebäudes technischen Zwecken dient (Feuerwehrgeräte), wurde die Dachterrasse als Spielplatz für die Kinder der Anwohner eingerichtet. Durch die Wahl von Holzelementen und schalungsrauhem Beton in kräftigen Formen sowie den Gebrauch von Primärfarben entstand ein lebendiger, anregender Spielbereich.

1 Schach-Domino
2 Sandkasten
3 Holzklötze
4 Irrgarten
5 Lauf- und Fahrrampe
6 Spielburg
7 Rutschbahn
8 Schaukel
9 Kletterstangen
10 Klettertaue
11 Fahnen
12 Balettstange
13 Kegelbahn
14 Tafel-Spiegel
15 Bäume (Robinien)

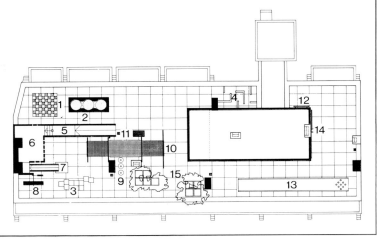

Schulhof der Montem Primary School, London

Entwurf: David Cashman
Fertigstellung: 1972

Nach einem ersten Farbgebungsversuch, der sich auf die vertikalen Flächen beschränkte, wurde die Aktion auf die übrigen Bereiche ausgedehnt. Bei der graphischen Gestaltung des Hofes ging der Künstler von den Regeln der Spiele aus, die bei den Kindern am beliebtesten sind, wie Laufen, Springen, Irrgarten usw.
Es ging darum, eine Graphik zu entwickeln, die für alle Arten von Spielen geeignet ist. Die dekorative Wirkung tritt in den Hintergrund, damit die Kinder ihren Bereich wirklich in Besitz nehmen können. Außerdem besitzen die geometrischen Figuren eine didaktische Wirkung, da sie teilweise vergrößerte Reproduktionen der Abbildungen in den Schulbüchern darstellen. Dieses Projekt macht deutlich, daß sich der Spielbereich der Kinder in den Schulen bereits mit geringen Mitteln verbessern läßt, wobei über den Bedürfnissen der Kinder auch die visuelle Attraktivität nicht zu kurz kommt.

Solche Versuche können auch viel weiter gehen. Es ist längst bekannt, daß farbige Böden den Raum dynamischer machen. Einfache volumetrische Darstellungen oder die Anwendung verschiedener Materialien eröffnen dem Kind bei seiner Suche nach Erfahrungen eine neue Dimension.

1
2

Schulhof der Buchanan School, Washington, D.C.

Entwurf: M. Paul Friedberg & Associates
Fertigstellung: 1968

Sämtliche Bereiche und Einrichtungen dieses Schulhofs stehen nicht nur den Schülern, sondern allen Bewohnern des Viertels offen. Zu der Anlage gehören ein Basketballfeld und ein Tanzsaal, der durch eine Snackbar und einen großen Aufenthaltsraum mit der Straße verbunden ist.

Als städtischer Bereich ist dieser Hof völlig mineralisch. Aber die unterschiedlichen Formen und Strukturen und die Trennung der Funktionen sorgen für Vielfalt und Abwechslung.

Neben einer Zone, die dicht mit Spielgeräten besetzt ist, steht ein 20 x 40 m großer Hof für verschiedene Veranstaltungen zur Verfügung.

Schulhof der Maglegaardschule, Roskilde, Dänemark

Entwurf: Roland Declercq und M. Leroy
Fertigstellung: 1972

Die Hügel haben einen Kern aus Erde oder festem Sand und sind mit einer Lage Zement bedeckt. Ein Drahtgitter im Zement sorgt für die Aussteifung. Um Risse in der Verkleidung zu vermeiden, mußten Dehnungsfugen vorgesehen werden.

Die Architekten Berg Bach und Kjeld Egmose planten den Schulhof nicht als abgeschlossenen inneren Bereich, sondern schufen eine große Mehrzweckzone, die Kontakte zwischen den verschiedenen Klassengruppen ermöglicht. Eine solche Lösung fördert das soziale Verhalten des Kindes, das hier die Regeln des Gemeinschaftslebens kennenlernt, indem es Rücksicht auf die Aktivitäten der anderen nehmen muß.

Skulpturenhof der Primärschule Aumatten,
Reinach (Basel)

Entwurf: Michael Grossert
Malerei: Theo Gerbert
Fertigstellung: 1973

Die Schule liegt an einem leicht abfallenden Hang, der einen Blick auf bewaldete Hügel bietet (1). Da die Ausdehnung der Siedlungen und des Straßennetzes den Kindern kaum noch Spielmöglichkeiten ließ, bietet der Plastikhof eine Art "Ersatzlandschaft". Er reproduziert die Landschaft mit ihren verschiedenen Niveaus, mit schmalen Durchgängen, kleinen Plätzen und Nischen - ein 17 x 17 m großes Universum, in dem die Kinder alles machen können: klettern, kriechen, springen, turnen und sich verstecken in einer Welt der Formen, die der Natur nicht sklavisch nachgeahmt ist. "Die Melodie der Bilder und Formen soll dem Kind die Welt des Traumes öffnen", sagen die Planer.

1	2
3	

58

Spielplatz der Wohnanlage Moll, München

Entwurf: Kurt Ackermann + Partner
Fertigstellung: 1972

Aus städtebaulichen Gründen - schmales Grundstück, Schutz gegen den Lärm großer Verkehrsadern, starke Niveauunterschiede - haben sich die Planer bewußt für eine Orientierung nach innen entschieden. Der mit Gras bedeckte Innenhof liegt über einer zweigeschossigen Garage. Der Spielplatz und der Fußgängerweg, der das Gebäude mit der Straße verbindet (4), wurden auf der sonnigen Südseite in möglichst weiter Entfernung vom Bauwerk angelegt. Über das helle "Betongebirge" und die 35 Sprossen können die Kinder auf den Fußgängerweg und in den Innenhof gelangen, ohne die Treppe zu benutzen (2,3). Sie kriechen durch einen Tunnel in eine Sandmulde, deren gepflasterte Sitzstufen zum Fußgängerweg führen. Der Weg mündet in einen überdeckten Spielraum.

Spielplatz einer Wohnsiedlung in Garath bei Düsseldorf

Entwurf: Landeshauptstadt Düsseldorf, Garten-, Friedhofs- und Forstamt
Fertigstellung: 1968

Asphaltierte Wellenformen bedecken das gesamte Gelände. Eine geschwungene Stahlrohrkonstruktion überspringt Fußgängerwege und führt über einen Teil der Asphalthügel. Diese Bewegungsüberlagerung erlaubt einen engeren visuellen Kontakt zwischen den spielenden Kindern und den Eltern, die dort spazierengehen.

Der Spielplatz ist ein gutes Beispiel dafür, daß auch kommunale Behörden befriedigende Lösungen liefern, wenn sie sich nur genug Mühe geben. Da sie sich auch mit dem Problem der Unterhaltung auseinandersetzen müssen, verbinden ihre Projekte das Angenehme mit dem Soliden. Da sie den Bewohnern gegenüber für die Qualität des geschaffenen Bereichs verantwortlich sind, haben die Behörden großes Interesse an einer wohldurchdachten Planung. Und da sie schließlich für die Ausführung einstehen müssen, sorgen sie für zweckmäßige Lösungen.

1	2

Spielplatz in der Cité de la Croix Rouge, Reims

Entwurf: Juan Broglia (Betonboden) und
Ludovic Bednar (Holz- und Metallgeräte)
Fertigstellung: 1971

Einen gewellten, geschwungenen Boden herzustellen, bedarf keiner schwierigen Technik. Es genügt, die Erdformen mit geeigneten Materialien (Erde, Sand) anzuschütten, sie sorgfältig zu verfestigen und eine Schicht Beton aufzubringen. Je nach der Bearbeitung entsteht dann eine glattere oder rauhere Oberfläche.

Der Metallbaum besteht aus einem starken, oben geschlossenen Rohr, an das ein gekurvtes dünnes Rohr angeschweißt wurde. Das Holzspiel setzt sich aus Serienelementen zusammen, die unzählige Kombinationen erlauben.

Spielgelände in Nangis, Frankreich

Entwurf: Jacques Simon
Fertigstellung: 1970

Da die Spielzone an drei Seiten von viergeschossigen Häusern umgeben ist, mußten bei der Planung unbehinderte Zirkulationswege für die Fußgänger geschaffen werden. Die dichte Buschbepflanzung zwischen Wohnhäusern und Fußgängerwegen wurde nur so weit gelichtet, daß ein freier Hauptbereich entstehen konnte. Asphaltierte Flächen zwischen Wegen aus Betonplatten erheben sich zu kleinen Pyramiden mit einer Seitenlänge von 6 m, die an den Stellen, wo sie die Zirkulation nicht behindern, eine Höhe von bis zu 80 cm erreichen (3). Der riesige Sandkasten ist von Böschungen umgeben, die mit Rasensteinen versehen sind; die Kinder können in Plastikrohren durch die Böschung in den Sand rutschen (2). Die an Ort und Stelle geschweißten Metallgeräte (5) und die veränderlichen Spielfelder aus Beton (4,6) bieten den Kindern eine breite Skala von Spielmöglichkeiten.

Die Asphaltmalerei wurde bei einer Tagesveranstaltung unter Mithilfe der Kinder ausgeführt.

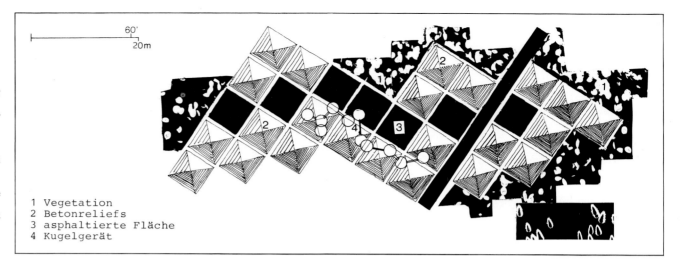

1 Vegetation
2 Betonreliefs
3 asphaltierte Fläche
4 Kugelgerät

Spielplatz in Utrecht

Entwurf: Bauamt der Stadt Utrecht
Fertigstellung: 1969

Es wird noch einige Jahre dauern, bis die Bäume, die am Rande der Wohnzone gepflanzt wurden, einen Park mit größeren Lichtungen bilden. In einer dieser künftigen Lichtungen liegt dieser Wasser- und Sandspielplatz.

Ein flaches, völlig ungefährliches Planschbecken genügt, um die Kleinkinder zu begeistern, die nicht mehr unbedingt von der Mutter beaufsichtigt werden müssen. Die Anlagen für die Kleinkinder wurden in leichte Erdmulden eingebettet, während den Größeren weite ebene Spielflächen zur Verfügung stehen.

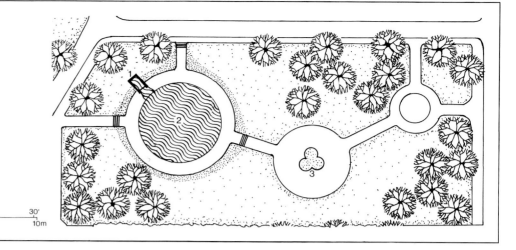

1 Springbrunnen
2 Planschbecken
3 Sandkasten

Spielplatz in Massy, Frankreich

Entwurf: Bauamt der Stadt Massy
Spielgeräte: Ludovic Bednar
Fertigstellung: 1971

Der Spielplatz liegt in einem 20 ha großen öffentlichen Park inmitten einer nach Süden orientierten Bodensenkung. Die kreisförmigen Spielzonen unterschiedlicher Größe sind durch Wälle aus festgestampfter Erde abgegrenzt, die mit einer 10 cm dicken Betonschicht verkleidet wurden. Ein Kreis ist mit feinem Flußsand gefüllt (4), ein anderer mit Wasser. Ein glatt betonierter Weg, der um die "Krater" herumführt, wird von jugendlichen Radfahrern und Rollschuhläufern benutzt. Auf der ebenen, mit Kies belegten Spielfläche, die von Büschen gesäumt ist, wurden verschiedene Spielgeräte montiert, darunter eine aus 100 Stahlrohrringen zusammengesetzte Kugel (3).

Auf dem gleichen Gelände führt das städtische Amt für Freizeitgestaltung unter der Mitwirkung von Animateuren des Kulturhauses auch Happenings durch, wie zum Beispiel das Aufblasen von "Gummiwürsten" (2).

Der Spielplatz verfügt gleichzeitig über feste, teilmobile und vollmobile Einrichtungen - ein Kriterium, das für die Vielfalt der Aktivitäten und Spielmöglichkeiten unerläßlich scheint.

1 Spielwiese
2 Büsche
3 Spielkrater
4 Tunnel
5 Kugel
6 Böschung

Spielplatz über einer Tiefgarage in der Cité de la Croix Rouge, Reims

Entwurf: Jacques Simon
Metallkonstruktionen: Ludovic Bednar
Fertigstellung: 1971

Der Spielplatz wurde auf dem zentralen Platz des Universitätsviertels eingerichtet. Hauptanziehungspunkt sind die Wasserspiele (2,3), die aus einer Reihe von Metallbögen bestehen. Die Bögen sind bis zu 7 m hoch und tragen fünf große Blumenkronen mit einem Durchmesser von 2,50 m. Das Wasser wird in großen Becken aufgefangen und dann wieder in Umlauf gesetzt. Die Ränder der Wasserbecken gehen in leicht gewellte Formen über, die sich über eine Fläche von 600 m² erstrecken. Der Boden ist mit hellblauem Kunstharz überzogen.

An einer anderen Stelle sind Konstruktionen aus wellenförmigen Stahlrohren mit einem Durchmesser von 40 mm montiert (4,5). Der quadratische, etwa 100 m² große Bereich, in den sich das Metallgerüst einfügt, hat inzwischen eine 20 cm dicke Flußsandauflage erhalten, damit die Kinder nicht mit dem harten Boden in Berührung kommen.

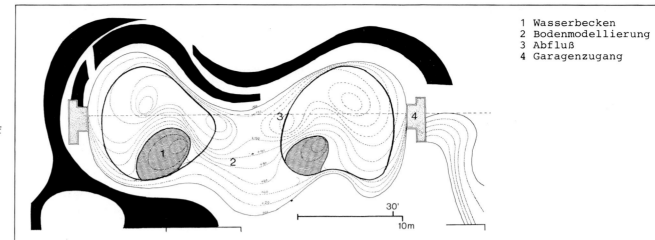

1 Wasserbecken
2 Bodenmodellierung
3 Abfluß
4 Garagenzugang

St. Aidan's Avenue, Blackburn, England

Entwurf: Mary Mitchell
Fertigstellung: 1970

Die Erhaltung von Bäumen und umfangreiche Erdarbeiten am Fuße der Wohngebäude waren die ersten natürlichen Voraussetzungen für die Einrichtung dieses Spielplatzes (1). In die Einbuchtungen des großen gepflasterten Hügels sind zwei Rutschbahnen aus Metall eingefügt. Die kleineren Hügel sind durch verzinkte Metall-Leitern miteinander verbunden. Da die Pflastersteine bis zu einem Drittel aus dem Mörtel herausragen, können die Kinder leichter an ihnen emporklettern.

Queen's Park, Blackburn, England

Entwurf: Mary Mitchell
Fertigstellung: 1970

Mary Mitchell hat sich bei diesem Projekt darum bemüht, ein Gegengewicht zur Monotonie der Wohnblöcke zu schaffen. Leider mußte sie sich darauf beschränken, den Wasserlauf zu gestalten, der diese große Siedlung durchquert. Wie ein Bildhauer wurde sie damit beauftragt, eine begrenzte Fläche zu bearbeiten; bei den Wiesenhängen genügte offenbar die dichte Anpflanzung robuster einheimischer Bäume. Abgesehen von den beiden Klettertreppen und der Rutschbahn, die speziell für diesen Hang angefertigt wurde, stammt das gesamte Material aus Abbrucharbeiten. Das Felsgestein wurde bei der Ausschachtung an Ort und Stelle vorgefunden. Die Bäume, die nicht erhalten werden konnten, dienten zum Bau von Bänken.

Markfield Playground, Haringey, London

Entwurf: Mary Mitchell
Fertigstellung: 1966

Die frühere Kläranlage, erbaut im Jahr 1850, diente während des Krieges der Feuerwehr als Spritzenhaus und wurde dann für eine Schweinezucht genutzt. Als das Gebäude endgültig leer stand, verfiel es rasch und wurde so gefährlich, daß ständig ein Wärter zur Stelle sein mußte (2). Deshalb entschloß sich die Gemeinde, für eine neue Nutzung zu sorgen. Mary Mitchell hatte eine großartige Idee: Sie ließ das Hauptgebäude als überdeckte Spielzone und das Maschinenhaus als Museum bestehen und verwandelte die ehemaligen Becken der Kläranlage in Spielgruben (3,6). Im Kontrast zur Geometrie der Becken wurde das umliegende Gelände leicht modelliert (4).

Diese verhältnismäßig billige Anlage ist ein gutes Beispiel dafür, was eine Gemeinde mit Relikten aus der Anfangszeit der Industrialisierung machen kann.

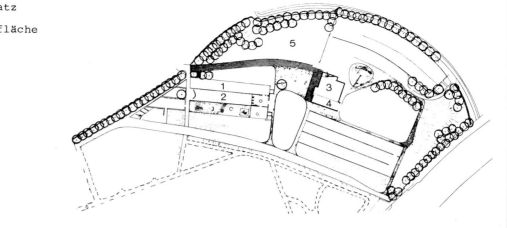

1 Abenteuerspielplatz
2 Spielplatz
3 überdachte Spielfläche
4 Maschinenhaus
5 Skihügel

Städtischer Park in Utrecht

Entwurf: Bauamt der Stadt Utrecht
Fertigstellung: 1970

Das Spielgelände, das zu einem der neuen Wohnviertel gehört, ist durch dichte Bepflanzung von den Hauptverkehrsstraßen abgeschirmt.

An die von Bäumen gesäumten Rasenflächen schließt sich ein großes Planschbecken an, in dem die Kinder völlig ungefährdet spielen können (1,2,3). In einigen umschlossenen Bereichen mit Grasboden liegt Baumaterial bereit, das die Kinder nach Belieben verwenden können (7). Andere Bereiche sind gepflastert und mit Holzelementen ausgestattet, deren zylindrische Formen für Abwechslung beim Spiel sorgen (4).

Spielplatz Patte d'Oie, Cité de la Croix
Rouge, Reims

Entwurf: Viollet et Brichet
Riesenmikado: Jacques Simon
Fertigstellung: 1971

Bei der Planung für dieses ebene Grundstück am Rande einer großen Wohnsiedlung mußten folgende Forderungen berücksichtigt werden: maximale Besonnung, Schutz gegen Straßenlärm und Wind, abwechslungsreiches Geländerelief, abgegrenzte Spielzone, minimale Unterhaltungskosten.

Da die Entscheidung zur Einrichtung des Spielgeländes sehr spät gefällt wurde, waren Auffüllungen mit Erde von Baustellen nicht mehr möglich. Zwei Bodensenken füllten sich zur Freude der Kinder sofort mit Wasser. Die teppichartige Wiese ohne Wege, ohne Sandkästen und ohne Blumenbeete war unter diesen Voraussetzungen die vielseitigste, schnellste und passendste Lösung. Inmitten des Geländes, das durch die Erdmodellierungen immer neue visuelle Reize bietet, wurde ein Riesenmikado aufgebaut. Die 8 m langen druckimprägnierten Kiefernstämme sind durch Stahlbolzen miteinander verbunden. An dieser Konstruktion wurden 200 m Schiffstau und vertikale oder hängende Netze befestigt. Nach zwei Monaten kritischer Beobachtung nahmen die Eltern das Spielgelände an und brachten sogar selbst ihre Kinder dorthin.

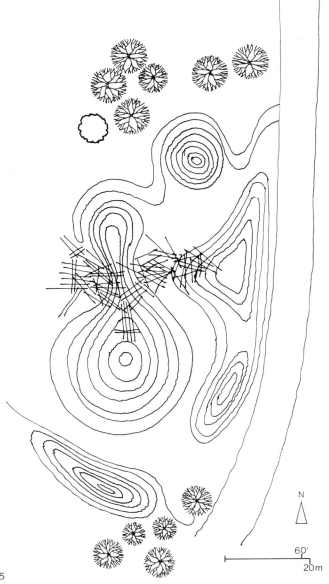

Spielplatz in der Cité de Caucriauville, Le Havre

Entwurf: Jacques Simon
Fertigstellung: 1971

Das Spielgelände wird an zwei Seiten von Wohnhäusern umschlossen und öffnet sich an den beiden anderen Seiten auf eine Schule und eine Sportanlage. Es war zunächst ein Jahr lang als Lagerplatz für Muttererde genutzt worden. Bei den Erdbewegungen war eine ganze Batterie von Raupenbaggern beteiligt; ihr Einsatz erfolgte unter Berücksichtigung der bereits vorliegenden Pläne für die Sanierung des Terrains.

Die Anlage besteht aus einer Folge größerer und kleinerer Mulden, Hügel und Täler (2). Um den Platz abzuschirmen und nach innen zu zentrieren, wurden Bepflanzungen nur an den Außenseiten vorgenommen. (Einzelne Baumpflanzungen würden auf dem Spielplatz sowieso nicht gerade schonend behandelt werden.) Einer der Hügel ist völlig von einem Gewirr buntgestrichener, gebogener Metallrohre überzogen, die tief im Boden verankert wurden (4,6). Auf einem anderen Hügel ist ein "Kugelspiel" montiert. Es besteht aus farbigen Metallkugeln, die durch angeschweißte Rohre miteinander verbunden sind (3,7). Um die Skala der Spielmöglichkeiten zu erweitern, wurden außerdem Klettertaue und Netze angebracht.

Zu bestimmten Zeiten werden auf dem Platz auch besondere Attraktionen geboten: mobile Spielelemente, leichte Polyesterblocks, Kunststoffrohre, aufblasbare Elemente, Seile, Taue usw.

1 Wiese
2 Sand
3 Rutschbahn
4 Kugelspiel
5 Spinne
6 Wohngebäude

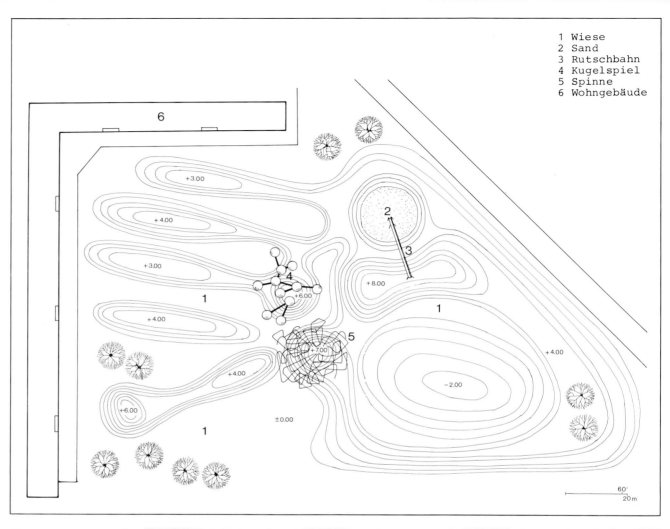

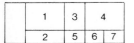

Spielflächen in der Cité des Chatillons, Reims

Entwurf: Jacques Simon
Objekte: Ludovic Bednar
Fertigstellung: 1969

Diese Grünzone inmitten großer Wohnblöcke bietet Rutschbahnen auf angeschütteten Erdhügeln, Rasenflächen, die für alle zugänglich sind, eine dichte Bepflanzung mit Büschen und Bäumen und viele weitere Attraktionen, wie zum Beispiel:

eine Gruppe von vier Plastikrohren, die mit flachen Ringen, angeschweißt an im Boden einzementierten Stützen, eingefaßt sind (1);

einen stilisierten Dinosaurier aus verzinktem Stahl, der in der Mitte von vier Rohren gestützt wird (2);

eine Zerstäuberfontäne aus Metallrohren, die auf einer betonierten Plattform mit Gefälle zur Mitte hin installiert ist (3);

ein Labyrinth aus aufrecht gestellten Platten (4);

eine Gruppe von 15 Riesenpilzen aus gebrauchten Flugzeugreifen, die auf Stahlrohre montiert sind (5);

eine pneumatische Kautschukwurst aus Armeebeständen (6);

eine Metallkonstruktion, die mit Netzen und Seilen überspannt ist (7).

Freizeitanlage Buchegg, Zürich

Konzeption: Alfred Trachsel (Stadtbauamt)
Entwurf: Hans Litz und Fritz Schwarz
Fertigstellung: 1958

Buchegg ist eine städtische Anlage, die aus Spiel- und Erholungsbereichen, einem Gebäude mit Versammlungsräumen und Werkstätten, einem Freilufttheater sowie einem Verkehrsgarten, der durch einen Tunnel mit dem Hauptteil verbunden ist (6), besteht.

Der Spielbereich für Kleinkinder (1) ist ein kreisförmiger gepflasterter Platz mit drei leichten Mulden, von denen zwei mit Sand gefüllt sind. Die dritte Mulde enthält Wasser, das zur Vermeidung von Gefahren nur 20 cm tief ist. Eine Trinkwasserfontäne, die mit Felsblöcken umgeben ist, speist das Planschbecken.

Der auf drei Seiten umschlossene asphaltierte Hof der Freizeitanlage (4,5,7) bildet eine Art Arena, in der die Kinder klettern, lärmen und herumtoben können.

Nichts erinnert hier an die dekorativen Spielplätze, auf denen die Eltern ihre Kinder abstellen wie das Auto auf dem Parkplatz und den Kleinen wohlwollend zuschauen, als handele es sich um Tiere im Zoo.

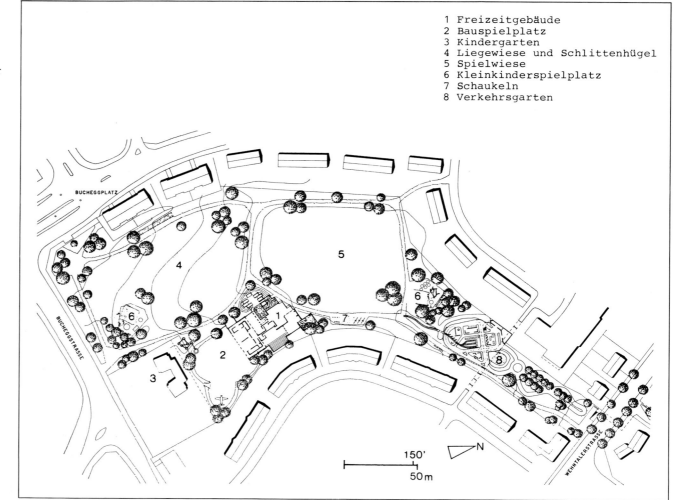

1 Freizeitgebäude
2 Bauspielplatz
3 Kindergarten
4 Liegewiese und Schlittenhügel
5 Spielwiese
6 Kleinkinderspielplatz
7 Schaukeln
8 Verkehrsgarten

Zentralspielplatz Freiberg/Mönchfeld, Stuttgart

Entwurf: Stadt Stuttgart, Gartenbauamt
Fertigstellung: 1970

Der Spielplatz liegt auf einem stark abfallenden, nach Süden orientierten Gelände (1). Er setzt sich weitgehend aus einer Folge verschieden großer Terrassen zusammen. Auf den kleinsten Terrassen sind Spieltische (Tischtennis) und eine Bocciabahn untergebracht, auf den größten Spielfelder für Basketball und Tennis. Im unteren südlichen Teil des Geländes, der durch dichtes Gebüsch gegen Wind geschützt ist, haben die Kinder Zugang zu Wasser in allen seinen Formen: Bach, Wasserfall, Schleuse, Wassergischt, Wassernebel und Teich. Verlauf und Ausflußmenge können sie selbst kontrollieren.

Die Niveauunterschiede werden durch Felsblöcke, bepflanzte Böschungen und Kletterburgen aus Rundhölzern (4) überbrückt.

Der Spielplatz, der absichtlich weit nach außen geöffnet wurde, ist so angelegt, daß die Kinder bestimmte Grenzen nicht überschreiten. Die Mütter können hier auch ihre Kinder im Freien spielen lassen, ohne daß Gefahren drohen.

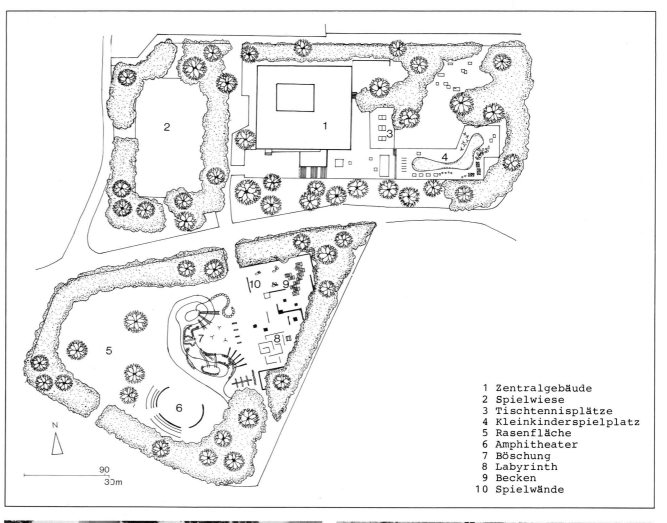

1 Zentralgebäude
2 Spielwiese
3 Tischtennisplätze
4 Kleinkinderspielplatz
5 Rasenfläche
6 Amphitheater
7 Böschung
8 Labyrinth
9 Becken
10 Spielwände

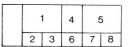

Rochdale Park and Playground, Queens, New York

Entwurf: Richard G. Stein and Associates
Fertigstellung: 1970

Zurückgreifend auf Methoden des Straßenbaus, hat der Architekt über das völlig ebene Gelände einen Raster von geometrischen Böschungen und Plattformen gelegt. In der Mitte ließ er eine riesige Spielwiese frei, die auch von den Schülern einer benachbarten Schule benutzt wird. In die Hänge des Haupthügels sind Tribünen eingelassen, die zu der Spielwiese und zu den Tennisplätzen orientiert sind. Sie werden auch bei festlichen Veranstaltungen, Konzerten oder Theateraufführungen im Freien benutzt. Der mittlere Tennisplatz kann im Winter unter Wasser gesetzt werden, so daß eine Eisfläche für Schlittschuhläufer entsteht.

Die Originalität dieses Parks liegt in seiner Eingliederung in das Wohnviertel und in den vielfachen Nutzungsmöglichkeiten.

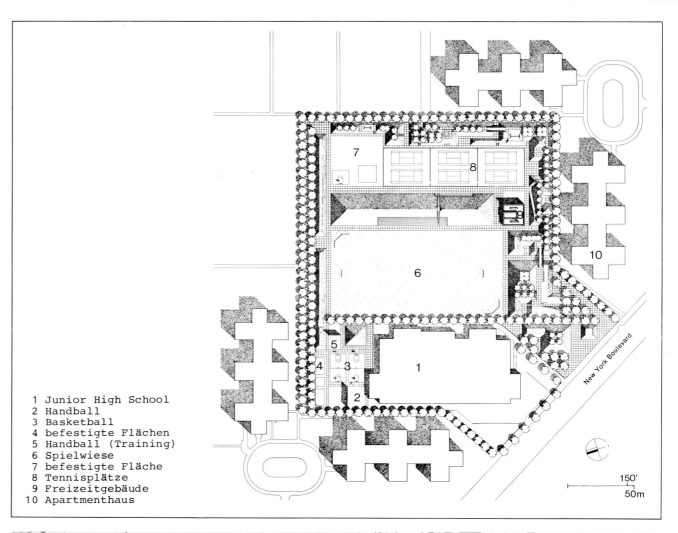

1 Junior High School
2 Handball
3 Basketball
4 befestigte Flächen
5 Handball (Training)
6 Spielwiese
7 befestigte Fläche
8 Tennisplätze
9 Freizeitgebäude
10 Apartmenthaus

Spielgelände in der Cité de la Grande Borne, Grigny, Frankreich

Entwurf: Emile Aillaud
Farbgebung: Fabio Rieti
Fertigstellung: 1971

Bei der Siedlung La Grande Borne waren alle Voraussetzungen gegeben, um eine im wahrsten Sinne des Wortes bewohnbare Stadt zu schaffen. Architektur, Landschaft und Spielanlagen wurden von Anfang an als Einheit betrachtet. Die räumliche Gliederung ist so gut gelöst, daß die Bewohner sich hier wohl fühlen: Jeder Bereich bietet seine eigenen Eindrücke und Erlebnisse. Die Wegführung ist abwechslungsreich, ohne je aggressiv zu wirken. Überraschungen finden sich überall: Ruhezonen oder Promenaden, Winkel, in die man sich zurückzieht, oder große Wiesen für Gemeinschaftsspiele gehen zwanglos ineinander über. Die Gestaltung greift weitgehend auf Symbole zurück, die für jedermann verständlich sind, oder auf Formen, die die Beziehung des Menschen zum Universum verdeutlichen (Les Collines, Le Marigot, L'Œuf, La Demi-Lune, L'Ellipse, Le Pont, Le Méridien, Les Balances). Poesie und Didaktik haben sich hier vereint. Der Erfolg der Anlage beruht nicht zuletzt auf der städtebaulichen Entscheidung, den Autoverkehr an die Peripherie zu verbannen, damit der Fußgänger in Ruhe die Anregungen des Geländes genießen kann.

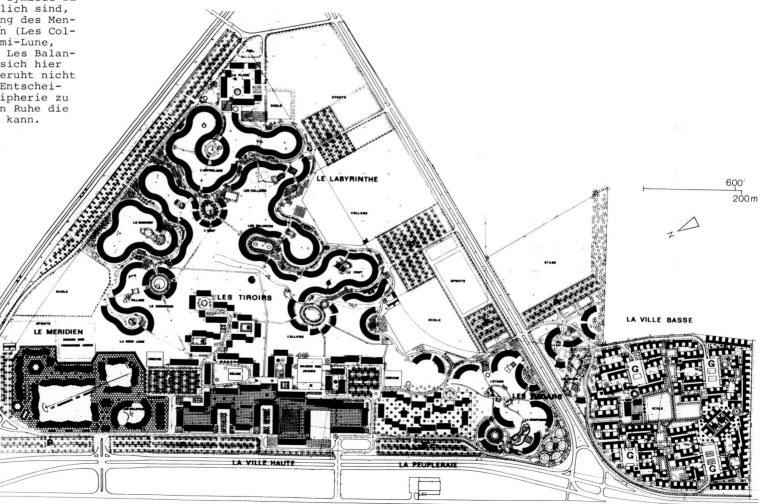

Spieleinrichtungen in Milton Keynes, England

Children's Play Officer: Margaret Groom
Designer: Brian Milne

Aus entsprechenden Prognosen geht hervor, daß im Jahr 1977 etwa ein Drittel der Bevölkerung der im Aufbau befindlichen Stadt Milton Keynes nicht älter als 15 Jahre alt sein wird. Daraus ergibt sich die Notwendigkeit, die Planung von Spieleinrichtungen mit besonderem Nachdruck zu verfolgen.

Seit 1971 haben Margaret Groom und Brian Milne systematische Planungsgrundlagen erarbeitet, die für alle Beteiligten verbindlich sind. Als erstes gibt es genaue Richtlinien über die Verteilung der verschiedenen Spielplatztypen. Danach entfallen auf jeweils 20 Familien ein 100 m² großer örtlicher Spielplatz für die bis zu 5 Jahre alten Kinder, auf jeweils 250 Familien ein 0,2 ha großer Spiel- und Bolzplatz für die 5- bis 12jährigen sowie auf ein Gebiet mit einem Radius von etwa 1,2 km ein Abenteuerspielzentrum; zusätzlich sollen in kleineren Wohngruppen mit weniger als 50 Wohnungen spezielle "Juniorspielparks" angelegt werden. Weitere Richtlinien stellen sicher, daß die Spielplätze richtig plaziert werden. Schließlich entwickelte man verschiedene Gerätetypen, von denen hier eine kleinere Auswahl vorgestellt wird (1-8).

Ende 1975 waren 23 Spielplätze für Vorschulkinder fertiggestellt, darunter die in Galley Hill (9,10) und Windmill Hill (11,12).

Tri-Stack

Age Range
Toddlers/Juniors
suitable for children 4 to 8 years

Construction
mild steel tube (legs)
brackets and bolts
ex works galvanized finish to BS 729
to be painted on site
timber vacuum pressure impregnated
with preservative to BS 4072
colour stained/painted

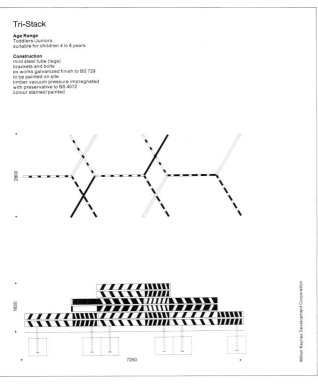

Small Walkway

Age Range
Toddlers
suitable for children up to 5 years

Construction
mild steel tube
ex works galvanized finish to BS 729
to be painted on site
timber vacuum pressure impregnated
with preservative to BS 4072
colour stained

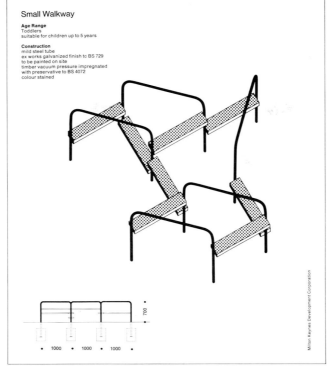

Tent Frame

Age Range
Toddlers/Juniors
suitable for children 4 years

Construction
mild steel tube ex works
galvanized finish to BS 729
to be painted on site

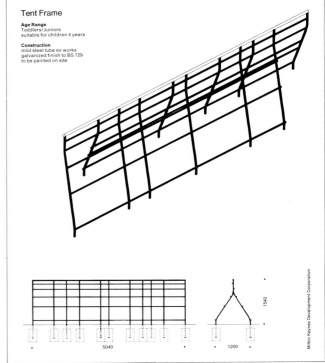

Tri-Mound

Age Range
Toddlers/Juniors
suitable for all ages

Construction
mild steel tube ex works
galvanized finish to BS 729
to be painted on site
plywood WBP colour stained
timber vacuum pressure impregnated
with preservative to BS 4072
colour stained

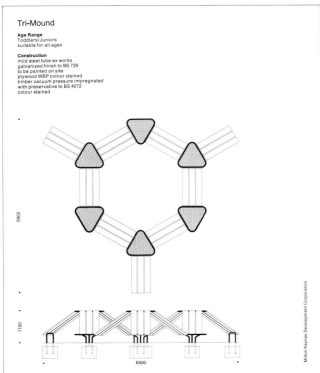

Small Pyramid

Age Range
Toddlers
suitable for up to 5 years of age

Construction
mild steel tube ex works
galvanized finish to BS 729
to be painted on site

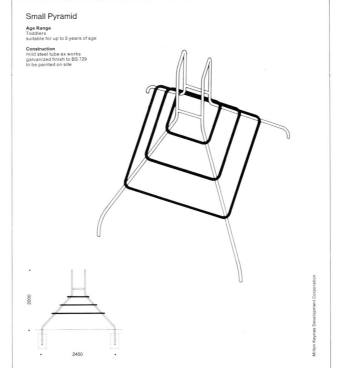

Squiggle Frame

Age Range
Toddlers/Juniors
suitable for children 4 years and over

Construction
mild steel tube
ex works galvanized finish to BS 729
to be painted on site

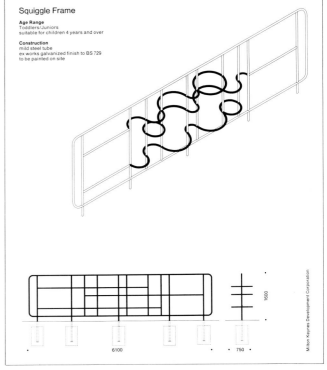

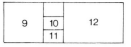

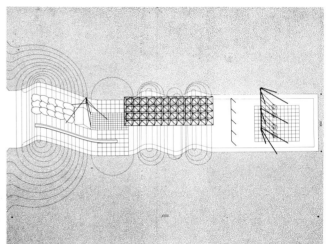
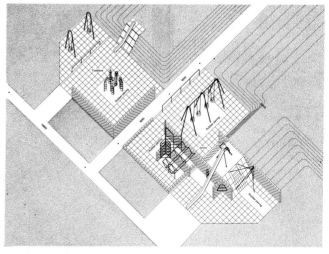

Wasser ist ein Spielelement, das sich selbst genügt. Da es in der Stadt häufig verboten ist, erinnert es die Kinder an die Freiheit der Ferien. Der Gedanke an Gefahr (Wassertiefe, Krankheit usw.) ist bei Erwachsenen schwer zu überwinden. Bei Anlagen mit Aufsichtspersonen oder bei flachen, gefahrlosen Planschbecken haben freilich schon manche Eltern der Vorliebe ihrer Kinder für das nasse Element nachgegeben.

Die Möglichkeiten des Wassers sind unerschöpflich. Sie reichen von Bassins für Modellschiffe und Planschbecken für Kleinkinder bis zu Wassernebeln von Zerstäubern, von Bachläufen und Kanälen bis zu tanzenden Fontänen und Kaskaden.

Rochdale Canal, Manchester

Entwurf: Derek Lovejoy & Partners und
Manchester City Planning Committee
Fertigstellung: 1972

Der Rochdale Canal ist ein typisches Werk der industriellen Revolution. Er gehört zur Geschichte der Stadt Manchester und hat viel zur Erschließung von Lancashire beigetragen. Doch die Entwicklung der Industrie führte dazu, daß der Kanal 1952 außer Betrieb gesetzt wurde. Die Stadt erwog zunächst, ihn völlig stillzulegen oder ihn wieder für industrielle Zwecke zu nutzen, entschloß sich dann aber, ihn zum Mittelpunkt eines neuen städtebaulichen Projekts zu machen. Der Kanal soll zu einer attraktiven Wasserstraße für die Allgemeinheit werden. Die Uferböschungen wurden neu angelegt, die Tiefe aus Sicherheitsgründen auf 20 cm begrenzt und die Schleusen in Wasserfälle verwandelt.

Nachdem der Kanal nicht mehr industriell genutzt wurde, war er schnell zum Abfallplatz geworden, zu einem gefährlichen Gebiet, das völlig eingezäunt werden mußte, damit keine Kinder ertranken (1). Nach der Umgestaltung war der Kanal bald der Hauptanziehungspunkt der Umgebung. Die Schleusen (5) und die punktuell verteilten Spielanlagen (2,3,4) wurden so konzipiert, daß der Charakter des Ortes erhalten blieb. Auch dadurch, daß sich überall die bei den Ingenieurbauten vorherrschenden Materialien wiederfinden, bleibt die historische Kontinuität des Ortes gewahrt.

1	2	
3	4	5

Wasserspielplatz im Central Park, New York

Entwurf: Richard Dattner & Associates
Fertigstellung: 1973

Unter den Anlagen des Central Park ist dieser Wasserspielplatz in den heißen Sommermonaten bei den Kindern besonders beliebt.

Auf einer Strecke von 150 m wird das Wasser in vielen Erscheinungsformen dargeboten: als Quelle, Wasserfall, Kaskade und Fontäne. Die Beton- und Holzkonstruktionen, die sich an große Felsen anlehnen, erinnern an die Bauten des Menschen in der Natur: Brücken, Kanäle, Plattformen, Tunnels. Die völlig mineralische Gestaltung, die an einem anderen Ort schwer zu ertragen wäre, wird ausgeglichen durch das Wasser, die Felsen (Erinnerung an die Natur) und die großen Bäume, die die Lichtung des Wasserspielplatzes säumen.

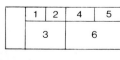

Portland Civic Auditorium Forecourt,
Portland, Oregon

Entwurf: Lawrence Halprin & Associates
Eröffnung: 1970

Nur einige Straßenblocks vom Herzen von Portland entfernt und umgeben von geschäftigen Straßen, bietet diese Anlage eine Zufluchtsstätte vor dem Getöse der Stadt. Wie die nicht weit entfernte und ebenfalls von Halprin entworfene Lovejoy Plaza will sie nicht nur das ästhetische Gefühl ansprechen, sondern zur Partizipation einladen.

Auf der oberen Ebene entspringen künstliche Brunnen, deren Wasser sich über einen Irrgarten felsenartiger Betonbänder ergießt, um schließlich, verstärkt durch zusätzliche Quellen, in kräftigen Wasserfällen 3 bis 5 m tief hinabzustürzen. Diese Wasserfälle bilden den Hintergrund der unteren Ebene, dem Amphitheater, das das benachbarte Auditorium ergänzt. Über seine Bestimmung als Freilichttheater hinaus bietet das Amphitheater den Besuchern des Auditoriums die Möglichkeit, sich während der Pausen im Freien zu ergehen. Außerdem können hier Happenings, Modeschauen, Kunstausstellungen und vieles mehr stattfinden. Falls nötig, läßt sich der Wasserstrom zur Senkung des Geräuschpegels reduzieren. Nachts werden die Wasserfälle von unten angestrahlt.

| 1 | 2 |

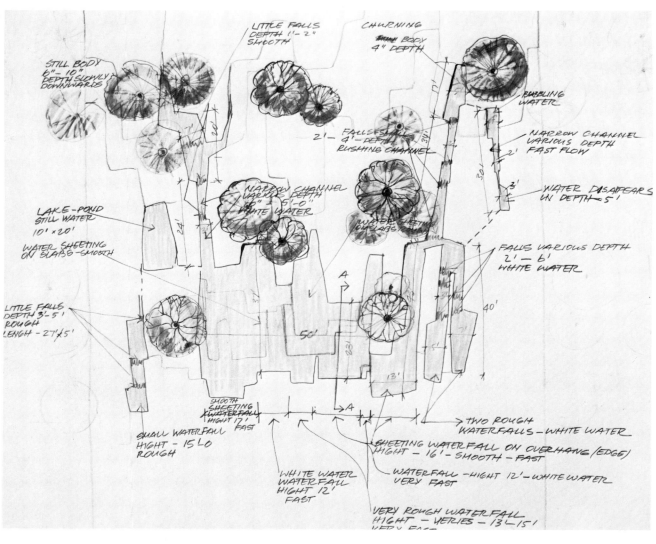

Ontario Place Children's Village, Toronto

Entwurf: Craig, Zeidler, Strong
Fertigstellung: 1972

Das Spielgelände soll den Kindern die Möglichkeit zu schöpferischen und physischen Aktivitäten und zu Geschicklichkeitsübungen bieten. Auch Kinder, die den Platz nur für kurze Zeit besuchen, sollen genügend Spielangebote vorfinden. Die Eltern schließlich sollen das Spiel ihrer Kinder mit Interesse und Vergnügen beobachten können. Von den Bedürfnissen des Kindes ausgehend, gestalteten die Planer die Anlage als große begehbare Skulptur, deren Wirkung noch durch akustische und visuelle Effekte gesteigert wird.

Dieses Spielgelände, auf dem die Kinder jedes Objekt als großes Spielzeug betrachten, ist ein hervorragendes Beispiel dafür, daß die verschiedenen Materialien (Holz, Beton, Metall, Kunststoff, Textilien) sich nach den Wünschen der Entwerfer zu Spielgeräten formen lassen, die dem Besucher den Atem nehmen und ihn zugleich zum Träumen bringen.

1 Handpumpe
2 Sandplatz
3 Spielzeug
4 öffentlicher Waschraum
5 Spielzeugladen und Snackbar
6 Schmetterlingslaufbahn
7 Gummiwald
8 Bohnensackland
9 Kletterbrücke über Wasser
10 Erdkastenkriechanlage
11 Röhrenrutsche
12 Löwenkopftunnel zum Limonadenberg
13 Rolltrommel
14 Pummelsackwald
15 Vogelsprung
16 Puppentheater
17 König meines Reiches
18 Schlangenkletterröhre
19 Schaumsumpf
20 Luftkissen
21 Kletternetze
22 Hängebrücke
23 Klettergerüst
24 Lautsprecher
25 Reifenschaukel und Ölfaßschaukel
26 Walzengleiter
27 Kabelgleiter

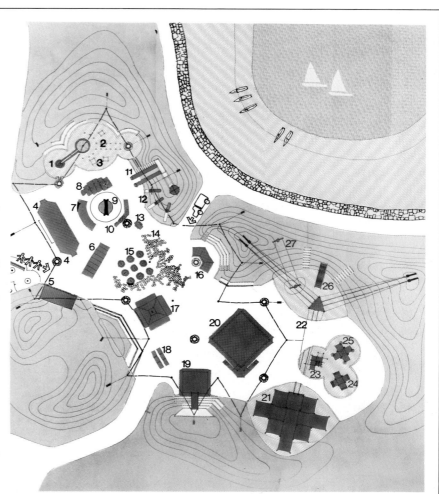

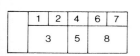

Waldspielplatz auf dem "Monte Scherbelino",
Frankfurt am Main

Entwurf: Stadt Frankfurt am Main, Forstamt
Spielgeräte: Hugo Uhl
Fertigstellung: 1971

Der "Monte Scherbelino", ein 40 m hoher künstlicher Berg aus Trümmerschutt, erhebt sich über den Wäldern und bietet einen herrlichen Ausblick. Das Gehölz der Umgebung bot das geeignete Material für die Ausstattung des Spielplatzes.

Es handelt sich hier um eines der seltenen Beispiele für eine gelungene Verbindung von monumentalen Zügen und Spontaneität. Die Arbeiten wurden nach detaillierten Modellen an Ort und Stelle ausgeführt.

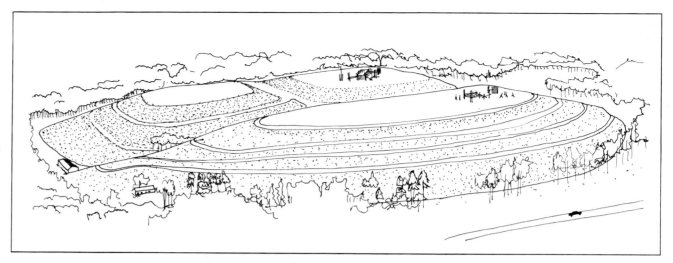

Kindergarten in Keisho, Tokio

Entwurf: Hiroshi Hara
Spielgeräte: Nido Industrial Design Associates
Fertigstellung: 1968

Lageplan und Gesamtansicht zeigen eine große Sandfläche, an deren Rand die Spielgeräte aufgebaut sind: ein Spielhaus, ein verstellbares Turngerät, eine Drehscheibe, eine Gruppe von Kletterstangen und eine Riesenrutschbahn. Das Spielhaus ist eine Metallkonstruktion mit eingehängten Kunststoffplatten, deren reliefartige Oberfläche das Klettern erleichtert (3). Das verstellbare Turngerät besteht aus zwei weißen Betonwänden mit unregelmäßig angeordneten Löchern, in die Metallstangen entweder parallel oder im Zickzack eingefügt werden können (4). Die Drehscheibe ist eine kreisförmige Stahlkonstruktion, auf der 50 cm über dem Boden ein Nylonnetz befestigt ist; Form und Größe sind ideal für die Allerkleinsten (5). Die baumähnlichen Kletterstangen aus Stahlrohr sind für Kletter- und Gleichgewichtsübungen gedacht (6,7). Die Riesenrutschbahn aus weißem Beton, die mit Kunststoff beschichtet ist, erlaubt sanfte, sichere Rutschpartien (8).

Der Spielplatz läßt den Kindern zwar nicht viel Initiative, bietet ihnen aber vielfältige Möglichkeiten für körperliche Übungen.

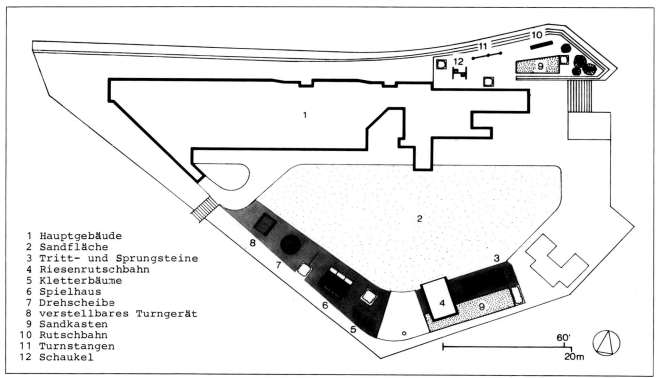

1 Hauptgebäude
2 Sandfläche
3 Tritt- und Sprungsteine
4 Riesenrutschbahn
5 Kletterbäume
6 Spielhaus
7 Drehscheibe
8 verstellbares Turngerät
9 Sandkasten
10 Rutschbahn
11 Turnstangen
12 Schaukel

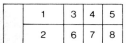

Jugendzentrum Irikicho, Kagoshima, Japan

Entwurf: Mitsuru Senda und Atelier Man & Space
Fertigstellung: 1971

Das hügelige, bewaldete Spielgelände liegt im Nordosten der kleinen Stadt Kagoshima. Hauptattraktion ist eine riesige Metallkonstruktion, die zwei höhergelegene Punkte miteinander verbindet und an der Nordseite von zwei 20 m langen Stahlzylindern mit 4 m Durchmesser eingerahmt ist.

Mitsuru Senda liefert keine vorgefertigten Lösungen, die im Laufe der Zeit an Interesse verlieren würden, sondern sucht den besten Nutzen aus dem vorhandenen Gelände zu ziehen. Viele Planer würden in erster Linie umfangreiche Pflasterungen vorschlagen und eine Unmenge folkloristisch oder ästhetisch orientierter Spielgeräte verteilen. Sendas Projekte dagegen öffnen den Weg zu einem überraschenden neuen Bereich: Die Fiktion ist hier in eine natürliche Umgebung verlegt.

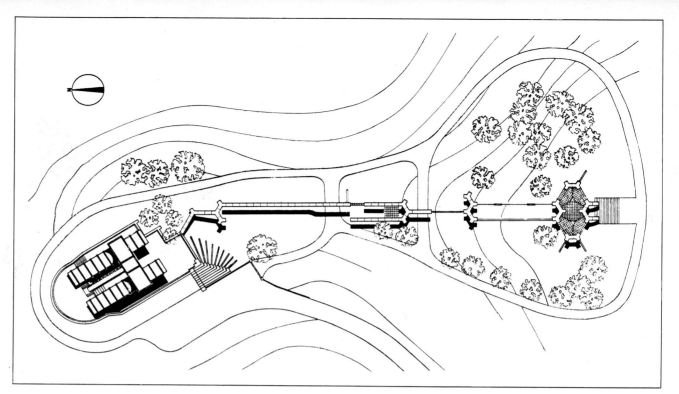

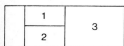

Spielpark Atagoyama, Kofu

Entwurf: Mitsuru Senda und Atelier Man & Space
Fertigstellung: 1972

Der Park liegt auf einem Berg über der Stadt. An der Topographie wurde bei der Planung kaum etwas verändert. Dies gilt auch für die Vegetation: So bilden die Bäume und Büsche, die in völliger Freiheit auf einem nur oberflächlich gepflegten Boden gedeihen, einen ungewöhnlichen Gegensatz zu den Durchgangswegen, den Treppenanlagen und den perfekt durchgeplanten, konstruierten und unterhaltenen Spielgeräten. Zweifellos hat der weite Blick auf die Stadt den Entwerfer dazu geführt, die Natur und den gestalteten Bereich derart prononciert gegeneinander auszuspielen.

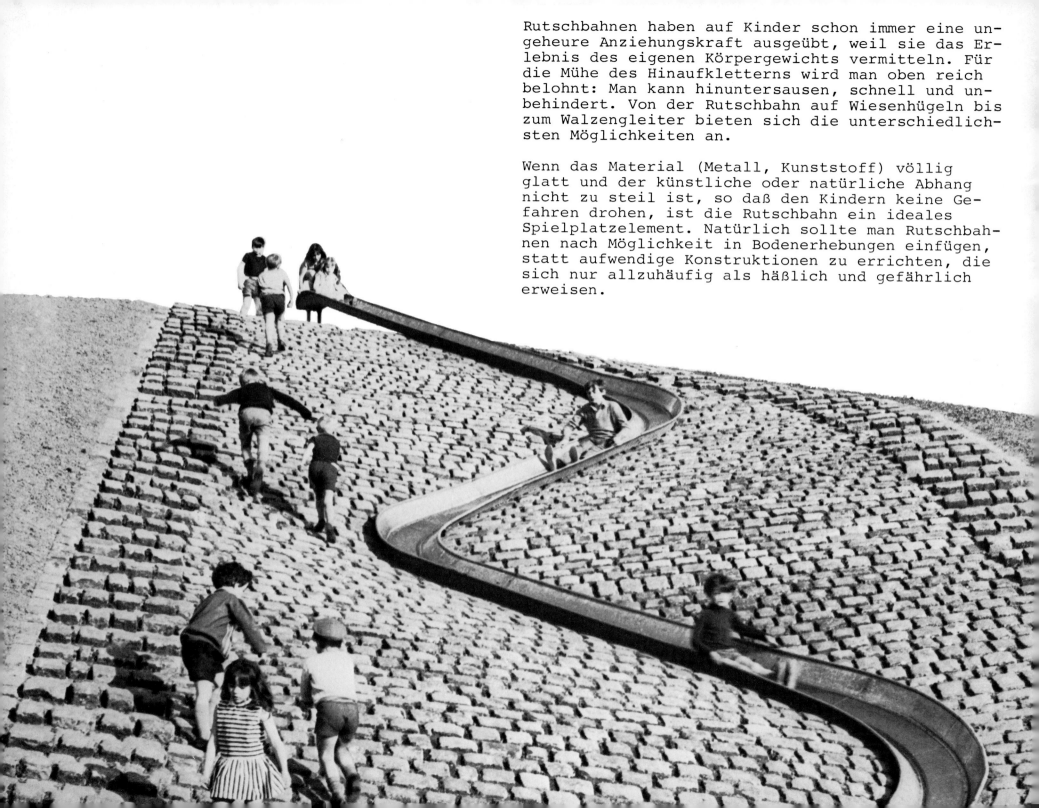

Rutschbahnen haben auf Kinder schon immer eine ungeheure Anziehungskraft ausgeübt, weil sie das Erlebnis des eigenen Körpergewichts vermitteln. Für die Mühe des Hinaufkletterns wird man oben reich belohnt: Man kann hinuntersausen, schnell und unbehindert. Von der Rutschbahn auf Wiesenhügeln bis zum Walzengleiter bieten sich die unterschiedlichsten Möglichkeiten an.

Wenn das Material (Metall, Kunststoff) völlig glatt und der künstliche oder natürliche Abhang nicht zu steil ist, so daß den Kindern keine Gefahren drohen, ist die Rutschbahn ein ideales Spielplatzelement. Natürlich sollte man Rutschbahnen nach Möglichkeit in Bodenerhebungen einfügen, statt aufwendige Konstruktionen zu errichten, die sich nur allzuhäufig als häßlich und gefährlich erweisen.

Spielgelände in Miyagi, Japan

Entwurf: Mitsuru Senda, Mikio Shiga und
Atelier Man & Space
Fertigstellung: 1969

Die konsequente Gestaltung des großen Terrains als Spielgelände steht keineswegs im Widerspruch zu der Natürlichkeit des Pinienwaldes. In den meisten Ländern wären solche Projekte freilich kaum zu verwirklichen, weil die Welt zu "kultiviert" geworden ist. Mitsuru Senda sagt: "Die Gefahr gehört zum Leben, sie kann durch das Spiel gemeistert werden." (Eine Aussage, die gewiß von vielen Spielplatzplanern nicht akzeptiert wird...) Alle Projekte Sendas liegen in gewachsener, niemals in künstlicher oder stilisierter Natur. Ihre Größe sprengt jeden traditionellen Rahmen und fasziniert alle Kinder, denn sie bieten entfesselte Phantasie, freie Entfaltung der Kräfte und Tests auf die Geschicklichkeit. Hier erstreckt sich eine "fliegende Schlange" (4) über eine Länge von 150 m zwischen einer glatten Betonpyramide und einem Dach aus dünnen Stahlstäben (2), von dem aus die Kinder über steile Rutschbahnen (1) in einen Trichter ("Ameisenlöwe") gelangen können.

1 fliegende Schlange   5 "Ameisenlöwe"
2 Pyramide   6 Stahldach
3 "Wüste"   7 "Violinenplatz"
4 "Oase"   8 Trog "Guru-Guru"

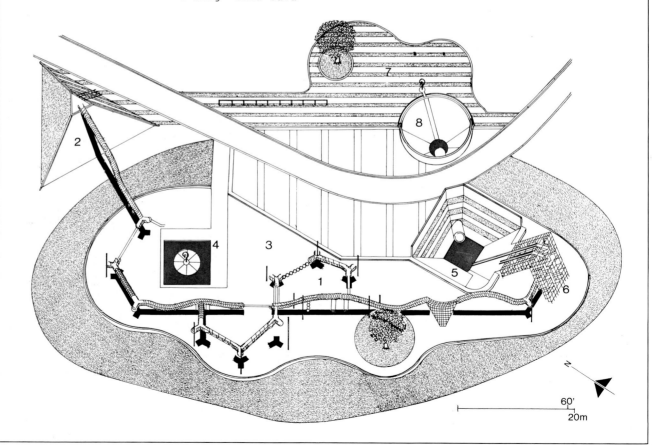

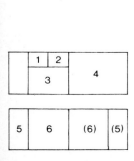

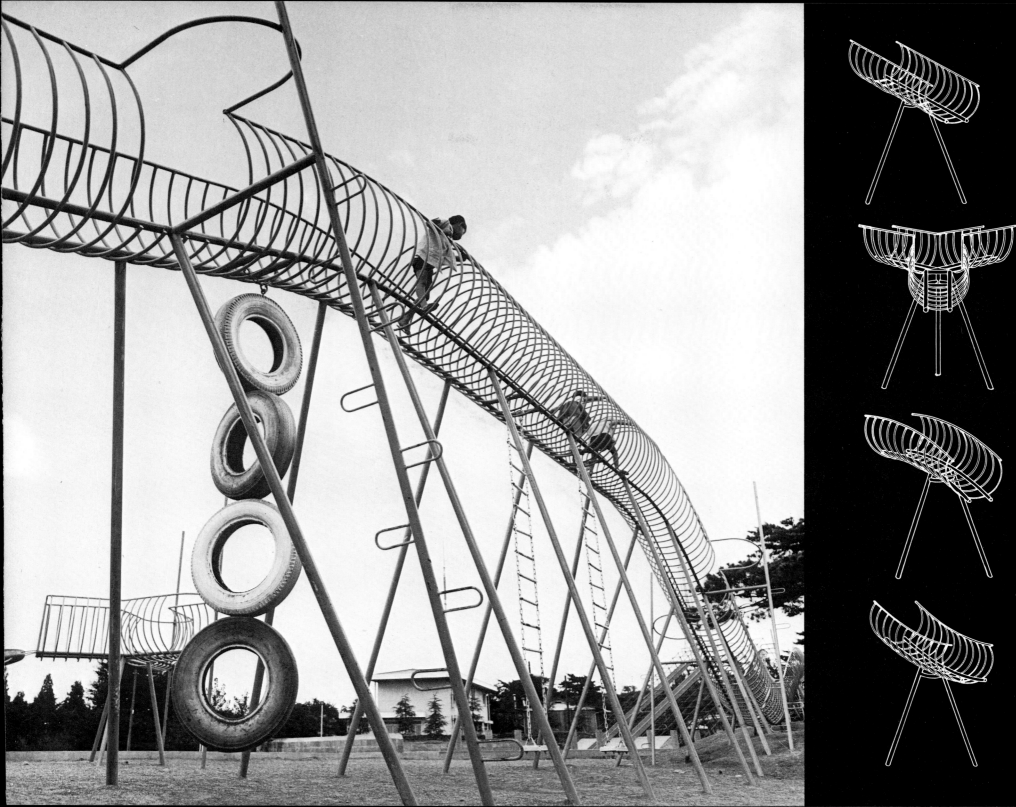

Spielpark am Ryozen-Berg, Fukushima, Japan

Entwurf: Mitsuru Senda und Atelier Man & Space
Fertigstellung: 1971

Wie bei seinen anderen Projekten bezog Senda auch hier die landschaftliche Umgebung ein und stattete den Platz mit präfabrizierten Elementen aus.

Am Fuße des Ryozen-Berges, der an dieser Stelle eine Steigung von 15 % aufweist, wurde eine Waldzunge von 150 m Breite und 500 m Länge abgeholzt. Die Gesamtansicht zeigt, daß für die Installation der zahlreichen Spielgeräte - von buntgestrichenen Betonelementen bis zu großen präfabrizierten Spielstrukturen mit den unterschiedlichsten Formen und Funktionen - einige Erdarbeiten durchgeführt werden mußten. Der Kontrast zwischen der Landschaft und den vielfältigen Formen und Materialien (Holz, Metall, Beton, Kunststoff, Gummi) läßt diese Anlage nahezu irreal wirken.

Für die Jüngsten wurden in kleinen Lichtungen, die von hohen Pflanzen umgeben sind, besondere Bereiche eingerichtet, in denen sie unter Aufsicht spielen können.

Spielgelände in Shinkawa, Japan

Entwurf: Mitsuru Senda und Atelier Man & Space
Fertigstellung: 1971

Dieses originelle Spielgelände liegt am Ufer des Meeres. Senda beweist auch hier wieder, daß sich mit bescheidenen Mitteln phantasievolle Lösungen erzielen lassen.

Vor einem mit Kiefern bepflanzten Streifen am Ende des Strandes entstanden eine Fahrradpiste und sechs abgeböschte, 2 m hohe Hügel, die von drei Holzbrücken überquert werden. Die Brückengeländer bestehen aus entrindeten, gebleichten Kiefernstämmen, an denen Taue und Netze befestigt sind. Um das Klettern zu erleichtern, wurden die Stämme eng nebeneinander montiert. Die Täler zwischen den Böschungen sind teilweise mit Wasser gefüllt. Die letzte Brücke endet in einer Rutschbahn, die in ein mit Sand gefülltes stilisiertes Schiff führt. Die einfachen Mittel entsprechen der Lage des Platzes am Ufer des Meeres. Der unbearbeitete Boden bildet eine logische Fortsetzung des Strandes.

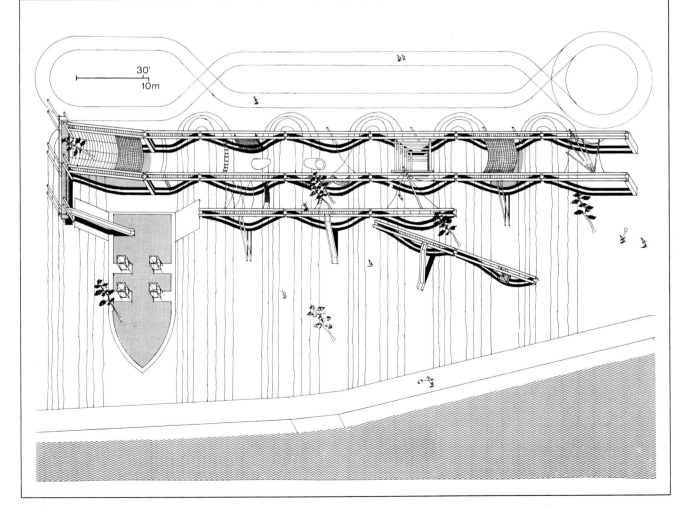

Es heißt, daß eine der ersten Handlungen des Menschen darin bestand, sich eine Hütte zu bauen. Für Kinder ist der Bau einer Bude gewiß eines der schönsten Erlebnisse. Zumeist handelt es sich um eine Gemeinschaftsarbeit, bei der die jungen Konstrukteure auf ihrer Ebene das nachvollziehen, was sie von der Welt der Erwachsenen verstanden haben. Die Skala der Erfahrungen und Aktivitäten, die damit verbunden sind, ist sehr groß: Materialsuche, Konstruieren mit oft verblüffender Phantasie, Improvisieren, Ausschmücken, Erleben der Gemeinschaft mit all seinen Freuden und Spannungen, Simulieren des späteren sozialen Lebens usw. Abenteuerspielplätze werden häufig auf verwahrlosten Grundstücken angelegt. Wann immer eine Stadt den Kindern einen Ort zur Verfügung stellte, an dem sie mit Altmaterial und geliehenen Werkzeugen ihre "Buden" bauen konnten, war der Erfolg durchschlagend und von Dauer. In der glatten, sterilen Welt, in der sie aufwachsen, brauchen die Kinder Orte, an denen sie völlig unbehindert ihre schöpferischen Fähigkeiten entfalten können.

Bauspielplatz in Basel

Entwurf: Gartenamt Basel
Fertigstellung: 1972

Seit das schweizerische Hilfswerk Pro Juventute in Zürich den Robinson-Spielplatz eingeführt hat, werden solche Plätze für Spielen und Bauen in der Schweiz, in Deutschland und in den skandinavischen Ländern immer beliebter.

Hier hatte sich die Mietervereinigung entschlossen, auf dem Gelände eines früheren Obstgartens am Ufer des Flusses einen Abenteuerspielplatz einzurichten. Der Platz wird zu bestimmten Zeiten von einem Aufseher, dessen große Baracke zugleich als Büroraum, Sanitätsstation und Spielstube bei Regenwetter dient, geöffnet. Das Baumaterial stammt von Kisten, die von Industriebetrieben geliefert werden. Die Bauten der Kinder sind in den meisten Fällen gut zu sehen, aber die Bewohner haben sich an eine gewisse Unordnung und an die Ungeschicktheit der Konstruktionen gewöhnt.

In der Nähe der Wohnhäuser stehen Wiesen und Sandkästen ständig zur Verfügung.

Das Gartenamt des Greater London Council hat, entsprechend einem Grundsatzprogramm für freies Spiel, drei verschiedene Typen von Spielbereichen geschaffen: "One O'Clock Clubs" für Kinder unter fünf Jahren, Spielparks für Fünf- bis Zehnjährige und Abenteuerplätze für größere Kinder und Jugendliche. Diese Spielbereiche sind jeweils den örtlichen Gegebenheiten angepaßt, haben aber ein gemeinsames Prinzip: Den Kindern sollen die unterschiedlichsten Betätigungsmöglichkeiten unter der Aufsicht eines pädagogischen Helfers angeboten werden; außerdem sollen die Plätze unkonventionell eingerichtet werden, keiner starren Disziplin unterliegen und freundschaftliche Kontakte fördern.

Die "One O'Clock Clubs" werden auf freiwilliger Basis von Müttern beaufsichtigt. Sie sind das ganze Jahr hindurch von 13.00 bis 17.30 Uhr geöffnet und bieten den Kindern Verkleidungsspiele, Wasser, Sand, Konstruktionsspiele und dergleichen mehr. 1959 begründete das Gartenamt des GLC die ersten Spielparks. Zunächst gab es drei in Vororten Londons. Als genügend Erfahrungen gesammelt worden waren, entstanden einige weitere Parks mit festangestellten Spielleitern. Diese Parks wurden sehr schnell beliebt, so daß 1968 bereits 28 existierten. Die Kinder haben die vielfältigsten Spielmöglichkeiten: Sie können klettern, graben, Hütten bauen, rutschen, an Tauen hangeln und mit Abfallmaterial oder alten Kleidern improvisieren. Wenn es regnet, können die Kinder in Werkräumen malen, modellieren, werken oder Tischtennis spielen.

Die Abenteuerspielplätze wurden im Gegensatz zu den Spielparks inmitten der Wohngebiete auf unbebauten Grundstücken angelegt und haben elastische Öffnungszeiten. Hier wird den Kindern Altmaterial (Holz, Kunststoff usw.) zur Verfügung gestellt, damit sie selbst Bauten errichten, Feuer machen und grillen können - Aktivitäten, die in den Spielparks verboten sind. Die Plätze sind das ganze Jahr hindurch geöffnet und stehen unter der Aufsicht eines Pädagogen. Ihr Erfolg hängt von den Beziehungen zwischen den Kindern und den Bewohnern des Viertels ab. Sie spielen eine wichtige Rolle im gesellschaftlichen Leben der städtischen Gemeinschaft. Von hier gehen gelegentlich gemeinsame Aktionen der Kinder mit den Schulen und Elternvereinigungen aus: Handwerkskurse, Theateraufführungen, Ausflüge oder Zelten.

Spielplatz am Kensington Park und Gulliver Playground, London

Entwurf: Greater London Council
Fertigstellung: 1970

Diese beiden Abenteuerspielplätze (Kensington Park 1, Gulliver Playground 2-5) liegen sehr nahe an den benachbarten Wohnhäusern. Der GLC übernahm hier unbebaute Grundstücke, um einen lebendigen Bereich für die Kinder zu schaffen, in dem sie Erfahrungen sammeln und soziales Verhalten lernen können. Provisorien sind besser als nichts und in jedem Fall besser als Plätze, die nach den Gesetzen strengster Logik gestaltet wurden. Auf Abenteuerspielplätzen kann das Kind seine Phantasie entwickeln: Unter der Anleitung eines pädagogischen Betreuers werden aus Brettern und Tauen Hütten, Affenschaukeln usw.

			4
1	2	3	5

Spielplätze an der Queen's Road und am Swedenborg Square, London

Entwurf: Greater London Council
Fertigstellung: Queen's Road 1970, Swedenborg Square 1972

In allen Sanierungsgebieten gibt es vorübergehend ungenutzte Bereiche. Der Greater London Council übernimmt solche Bereiche, um sie den Kindern zur Verfügung zu stellen. Die beiden Plätze (Queen's Road 1-6, Swedenborg Square 7-10) sind ein gutes Beispiel für die Nutzung von Flächen, die durch den Abriß alter Häuser frei werden. Die Materialien, die dabei anfallen, bereiten den Kindern des Viertels das größte Vergnügen. Bis der Wiederaufbau beginnt, können sie hier unter der Anleitung pädagogischer Helfer spielen und bauen - anders als in jenen Grünanlagen, in denen das Betreten des Rasens verboten ist. Manchmal werden diese ursprünglich provisorischen Spielzonen zu einer ständigen Einrichtung mit festen Gebäuden, die Kindergärten, Werkstätten oder Kantinen aufnehmen.

1	2	7	8
3	4		
5	6	9	10

Robinsonspielplatz in Garath bei Düsseldorf

Entwurf: Landeshauptstadt Düsseldorf, Garten-,
Friedhofs- und Forstamt
Fertigstellung: 1972

Auf diesem ehemaligen Industriegelände zwischen Wohnsiedlung und Autobahn, das für Eltern nicht zugänglich ist, können die Kinder die drei Elemente Wasser, Erde und Feuer frei verwenden. Die verschiedenartigsten Baumaterialien stehen zur Verfügung; Werkzeuge können die jungen Konstrukteure bei der Aufsichtsperson ausleihen. Ein großer Kreis ist dem Feuer vorbehalten, das die Kinder umso mehr fasziniert, als es gewöhnlich für sie verboten ist. Der Platz bietet Gelegenheit zu den phantasievollsten Spielen und ist eine unersetzliche Attraktion für die Kinder des Viertels geworden.

Die Lust am Bauen und Zerstören erfüllt diese kleine, ständig sich verändernde Welt mit Leben. Wie die Anlage beweist, kann man viel Freiheit gewähren, sofern der Platz entsprechend eingerichtet ist.

Washington Environmental Yard, Berkeley, Kalifornien

Entwurf: Robin Moore und Herb Wong
Eröffnung: 1971

Der aus einem monofunktionalen städtischen Schulhof (1) hervorgegangene Washington Environmental Yard ist "ein Platz, auf dem es erlaubt ist, Blumen zu pflücken". Von seinen Autoren treffend als "living-learning laboratory" charakterisiert, stellt er zweifellos einen interessanten Versuch dar, etwas Entscheidendes für eine qualitative Verbesserung des kindlichen Erfahrungsraumes zu tun.

Eine Vielfalt von natürlichen und künstlichen Elementen - Erde, Wasser (7), Vegetation (8), Tiere (5,6) und Spielgeräte (3,4) - reizt zu schöpferischer Interaktion, gibt den Kindern die Möglichkeit zu eigenem Tun, zur Selbstbestimmung. Indem hier die Welt als "curricular-space" nachgebildet ist, wird ein tragfähiges Modell für die Entschulung der Schule geboten, für das Bemühen, die einander entfremdeten Bereiche Schule und Leben sich wieder näherzubringen.

1		3	5	7
2		4	6	8

Aktion in Châlons sur Saône

Konzeption und Realisation: Groupe Ludic
(Xavier de la Salle, David Roditi, Simon Koszel)
Jahr der Aktion: 1972

Die Aktion dauerte einen Monat und fand auf einem der zentralen Plätze des Ortes statt. Sie lieferte den lokalen Verantwortlichen und den Beobachtern aus den umliegenden Städten nützliche Informationen. Durch die günstige Lage des Geländes - eines Parkplatzes - war das Ereignis völlig in das städtische Leben integriert: Die Leute konnten den Fortgang der Aktion beobachten und über die Arbeitsverfahren informiert werden.

Bauunternehmen lieferten die Bretter und Röhren. Die Ölkanister stammten aus dem Lager einer Raffinerie, die Reifen aus einem Autofriedhof. Von überallher brachten die Eltern ihre Kinder - was schließlich den Erfolg dieses "Jahrmarkts für Kinder" bewies. Solche Aktionen können also durchaus auch in Stadtzentren durchgeführt werden und müssen nicht auf unbebautes Gelände beschränkt bleiben.

Aktion in Colombes, Frankreich

Konzeption: Ritacalfoul
Jahr der Aktion: 1974

Die Aktion, die drei Tage dauerte, ging nicht von einem präzisen pädagogischen Konzept aus. Jedem Tag gaben die Verantwortlichen der Aktion zusammen mit den Kindern ein spezielles Programm: Am ersten Tag wurde mit Papier und Kartons, am zweiten Tag mit Verkleidungen und am dritten Tag mit aufblasbaren Elementen und farbigem Rauch gearbeitet. Das relativ neuartige Arsenal von Materialien beschafften die Mitarbeiter billig aus Restbeständen verschiedener Firmen.

Aktion in Bregenz

Konzeption: Klaus Göhling
Jahr der Aktion: 1974

Aufblasbare Elemente besitzen bei Happenings große Anziehungskraft, idealer Untergrund ist ein Rasen, der es den Kindern ermöglicht, gefahrlos auf den riesigen Luftkissen zu klettern, zu toben und zu rutschen. Reißt die Membrane ein, so genügt es, ein neues Stück aufzuschweißen. Die Elemente werden mit einem normalen Haushaltsstaubsauger, den man umgekehrt ansetzt, bis zur Hälfte ihres Fassungsvermögens aufgeblasen. Andere, festere Membranen werden mit Wasser gefüllt und vermitteln den Kindern wie auch den Älteren das überraschende Gefühl, sie müßten von neuem laufen lernen.

1		3	5
2		4	6
7			

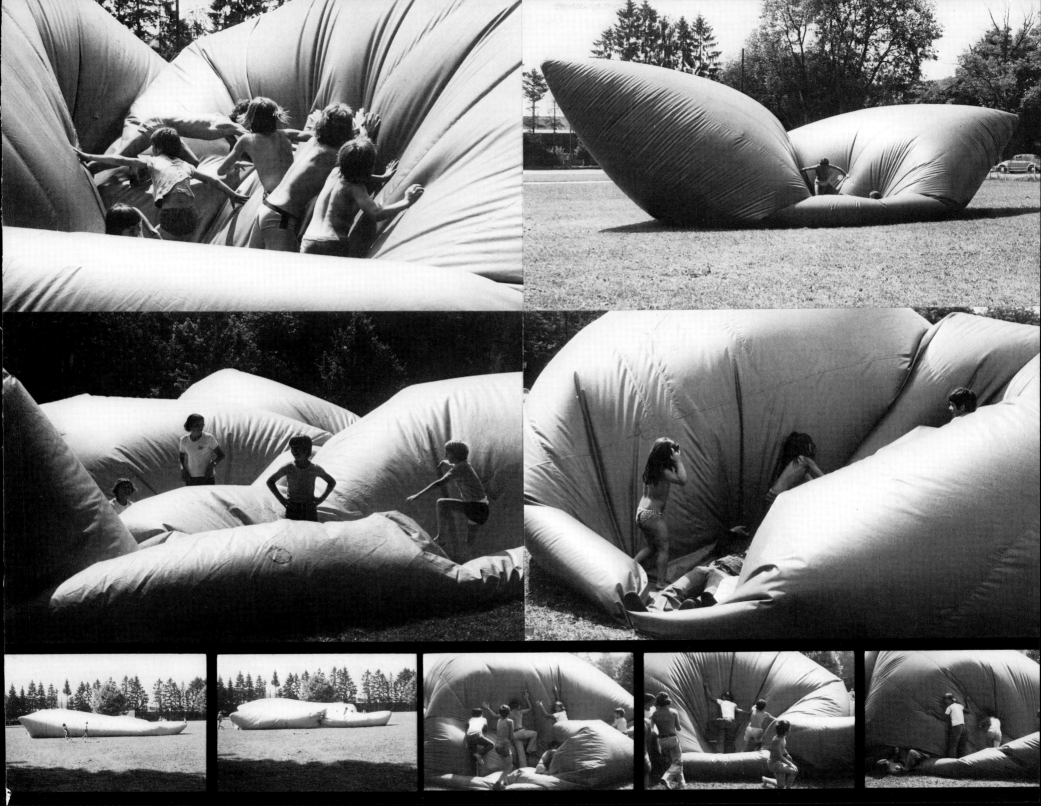

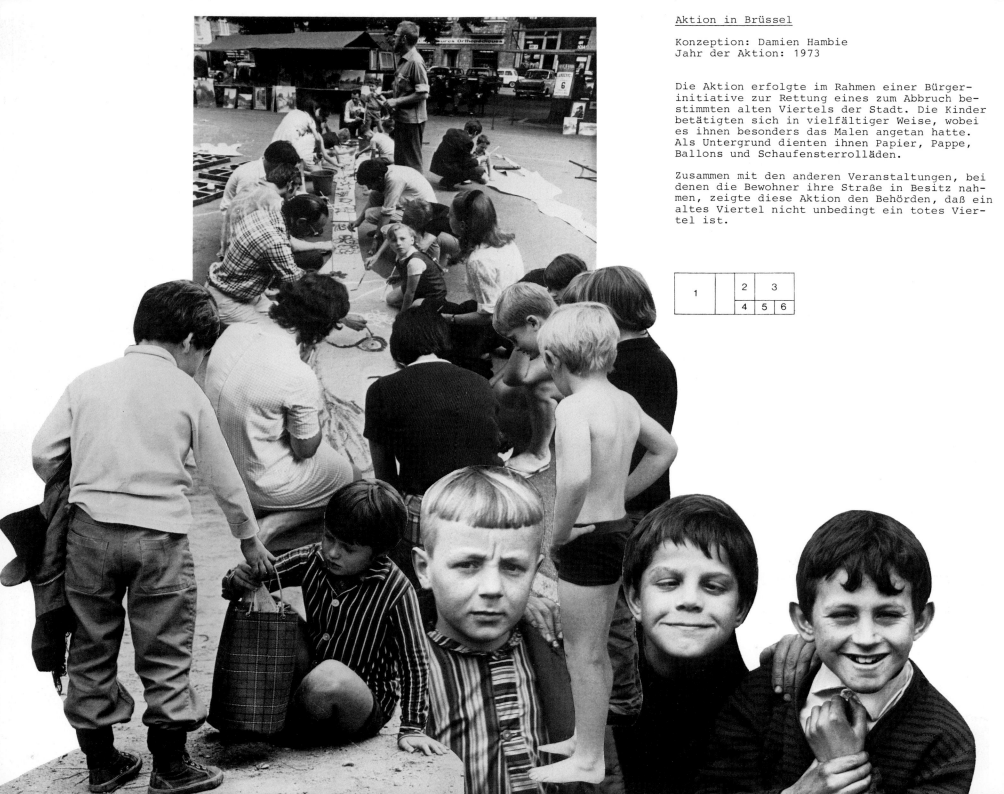

Aktion in Brüssel

Konzeption: Damien Hambie
Jahr der Aktion: 1973

Die Aktion erfolgte im Rahmen einer Bürgerinitiative zur Rettung eines zum Abbruch bestimmten alten Viertels der Stadt. Die Kinder betätigten sich in vielfältiger Weise, wobei es ihnen besonders das Malen angetan hatte. Als Untergrund dienten ihnen Papier, Pappe, Ballons und Schaufensterrolläden.

Zusammen mit den anderen Veranstaltungen, bei denen die Bewohner ihre Straße in Besitz nahmen, zeigte diese Aktion den Behörden, daß ein altes Viertel nicht unbedingt ein totes Viertel ist.

1	2	3
	4	5	6

Aktion in Sainte Geneviève des Bois,
Frankreich

Konzeption: Jacques Simon, Jean-Louis Bernard
und Jean Dreyfus
Jahr der Aktion: 1973

Diese nicht im einzelnen vorausgeplante Aktion wurde mit Hilfe von Restmaterial (Netze, Taue, aufblasbare Elemente) und Industrieabfällen (Papier, Kartons) an einem Nachmittag durchgeführt. Die Kinder holten selbst das Material aus dem Lieferwagen und durften damit tun, was sie wollten. Die Spielleiter griffen nur ein, um bei der Befestigung der Netze an den Bäumen zu helfen. Am Ende des Tages reinigten die Kinder den Platz und veranstalteten ein riesiges Freudenfeuer mit viel Gesang.

Die Erzieher reagierten sehr positiv auf diesen Versuch, der zu minimalen Kosten ein hervorragendes Ergebnis lieferte.

Mit ein wenig Altmaterial und einer Menge Materialien aus den umliegenden Supermärkten läßt sich leicht ein halber Tag bestreiten. Auch auf kleineren Plätzen wirkt die Atmosphäre solcher Aktionen auf die Kinder entspannend und anregend.

1	2	
3	4	7
5	6	

Aktion Spielbus, München

Konzeption: Gruppe Pädagogische Aktion
Erste Aktion: 1972

Der "Spielplatz auf Rädern" ist ein alter Londoner Autobus, der eine bestimmte Menge Grundmaterial mit sich führt - das übrige Material befindet sich an Ort und Stelle. Die Aktionen werden von Pädagogen und Studenten, die sich mit Erziehungsfragen befassen, geleitet.

Im ersten Jahr wurde die Aktion auf drei Spielplätzen durchgeführt, um später auf mehrere Stadtteile ausgedehnt zu werden. Da die Stadt die Gruppe unterstützt, verfügen die Pädagogen über alle notwendigen Mittel, um die "Kinderfeste" erfolgreich zu gestalten. Solche Aktionen bringen vorübergehend Leben in die Grünzonen der Stadt; sie sollten uns Anlaß geben, über die künftige Nutzung freier städtischer Bereiche nachzudenken und uns auf den Begriff "Platz" zu besinnen.

Soweit also das Nonplusultra des modernen Spielplatzes. Entsprechend den Klischees, die im Familienleben und in der Erziehung vorherrschen, gilt das Spiel allgemein als passive Energieverschwendung. Deshalb sind auch die Spielplätze in der Regel so neutral und schematisch.

Springen, klettern, sich verstecken, schaukeln, Fangen spielen und balgen sind alterprobte, wohlbekannte Spiele. Aber Spiel ist auch die Erfahrung von Erde, Feuer, Pflanzenwuchs, Licht, Gerüchen oder Farben im Lebensraum des Kindes. Spiel bedeutet für das Kind, in der Phantasie und in der Tat auf seine Weise seine Welt neu zu schaffen, sich selbst und andere kennenzulernen.

Für diese Bedürfnisse des Kindes gibt es, trotz einer Reihe experimenteller Einrichtungen, noch keine Patentlösungen.

Welche Möglichkeiten gibt es, die schöpferischen Fähigkeiten des Kindes zu entwickeln? Welche Aktivitäten muß man ihm anbieten? Gibt es den komplett durchgestalteten Spielbereich? Müssen die Spielzonen programmiert werden?

Es wäre erfreulich, wenn dieses Buch als eine Art Rezeptsammlung für Spielplätze betrachtet würde und wenn es einige Antworten liefern könnte.

Aber alle Lösungen helfen nichts, wenn sie nicht auch angewandt werden. Die wichtigste Frage ist deshalb, ob der Wille vorhanden ist, beim Bau von neuen oder bei der Erneuerung von alten Städten auf die Belange des Kindes Rücksicht zu nehmen. Erst wenn diese Frage beantwortet ist, läßt sich eine Wahl zwischen den möglichen Lösungen treffen.

Das Kind ist heute von einer Mauer des Komforts und des Wohlstands umschlossen. Müßten wir ihm nicht eine Tür öffnen, um zu verhindern, daß es erstickt?

Entwerfer

Ackermann, Kurt + Partner 51, 59
Aillaud, Emile 88
Antonoff, Roman 24
Armytage, Paul Green 22
Atelier Man & Space 114, 116, 120, 124, 125

Bach, Berg 56
Basel, Gartenamt der Stadt 130
Bednar, Ludovic 38(3), 61, 66, 78, 94(5)
Berger, Ueli 31(1,5)
Bernard, Jean-Louis 38(4), 148
Broglia, Juan 61

Cashman, David 52
Craig, Zeidler, Strong 106

Dattner, Richard & Associates 31(3), 98
Declercq, Roland 56
Delessert, Etienne 119(9)
Dreyfus, Jean 148
Dudon, Jean 28(3), 30(3)
Düsseldorf, Garten-, Friedhofs- und Forstamt der Stadt 60, 136

Egmose, Kjeld 56

Fisher, Mark 22
Folon 31(2)
Frankfurt am Main, Forstamt der Stadt 110
Friedberg, M. Paul & Associates 40, 41, 45, 54

Gerbert, Theo 58
Göhling, Klaus 144
Gogois, Bernard 44
Gray, Don 22
Groom, Margaret 90
Grossert, Michael 58
Gruppe Pädagogische Aktion 150

Halprin, Lawrence & Associates 102
Hambie, Damien 146
Hara, Hiroshi 112

Koszel, Simon 140

Leroy, M. 56
Litz, Hans 82
Lovejoy, Derek & Partners 96
Greater London Council 50, 132, 133, 134
Groupe Ludic 17(2,3,9), 119(8), 140

Manchester City Planning Committee 96
Massy, Bauamt der Stadt 65
Mello, Franco 27(1), 28(2,4), 30(2)
Millstone, Erik 22
Milne, Brian 90
Mitchell, Mary 68, 69, 70, 118, 119(1,10)
Moore, Robin 138
Mortensen, Sven 29(1)

Nido Industrial Design Associates 112

Oliver, Rupert 38(8)

Pestalozzi, Iwan 19
Prévert, Jacques 6

Richter, Hilde 18
Rieti, Fabio 88
Ritacalfoul 142
Roditi, David 140
Roland, Conrad 20
Rotterdam, Amt für Stadtentwicklung 46, 48, 49

Saint Maurice, M. 43
de la Salle, Xavier 140
Schwarz, Fritz 82
Senda, Mitsuru 39(2), 114, 116, 120, 124, 125
Shiga, Mikio 120
Simon, Jacques 26, 39(5,7,8), 42, 62, 66, 74, 76, 78, 94(4), 119(4), 148
Snelson, Kenneth 38(6)
Stein, Richard G. and Associates 86
Stuttgart, Gartenbauamt der Stadt 84

Thern, Richard 27(2), 29(3)
Trachsel, Alfred 32

Uhl, Hugo 110
UNO 9
Utrecht, Bauamt der Stadt 64, 72

Viollet et Brichet 74

Wong, Herb 138

Zemp, Werner 29(5)

Gerätehersteller

Aarikka
Nokiantie 2
SF 00510 Helsinki 51
Finnland

Artur
44 rue Vieille du Temple
F 75 Paris 4
Frankreich

Aukam Spielgeräte
Frankfurter Straße 181
3500 Kassel

Burri AG Zürich
Sägereistraße 28
CH 8152 Glattbrugg
Schweiz

Danese Milano
Bruno Danese SNC
Piazza San Fedele 2
I 20121 Mailand
Italien

Peter Gätje
Brödermannsweg 53
2000 Hamburg 61

Sport-Gerlach KG
3561 Hommertshausen-Biedenkopf

Granit S.A.
Domaine du Bochet
CH 1025 Saint-Sulpice
Schweiz

Grünzig & Co.
Postfach 69
3093 Eystrup/Weser

Sportgeräte Otto Hinnen
Geissensteinring 26
CH 6005 Luzern
Schweiz

Oy Juho Jussila
SF 40100 Jyväskylä 10
Finnland

Keramchemie
Postfach 80
5433 Siershahn

Gebrüder Kesel
Postfach 1822
8960 Kempten-Leubas

Krey Spiel-, Turn- und Nutzgeräte
3161 Ehlershausen

Lenika Editions
6 rue du Docteur Zamenhof
F 92 Rueil-Malmaison
Frankreich

Nola Industrier
Essingeringen 88
S 11264 Stockholm
Schweden

Hans Oqueka
Postfach 1542
5920 Berleburg

Playstyle Limited
12 New Bond Street
London W1Y 9PF
England

Hilde Richter Spielgeräte
Susettestraße 7
2000 Hamburg 50

Sculptures-jeux
1 rue Véronèse
F 75 Paris 13
Frankreich

Timberform
1727 N.E. Eleventh Avenue
Portland, Oregon 97212
USA

Holzverarbeitungswerk Trautwein
Höhefeldstraße
7504 Weingarten-Karlsruhe

Abbildungsnachweis

Architectural Record 41(2,3)

Christian Baur 58(1,2)
Jean Louis Bernard 10(1,3,4,6), 17(7), 29(2), 38(3,4), 39(3)
Gérald Bloncourt 65(2,3)
Robert Bollag 19(1)
Brems Foto 56, 57

Ronald Chapman 130
Lynn Converse 133
Craig, Zeidler, Strong 8, 106(1,2), 107, 108, 109

André Danancher 60, 95(3)
Rüdiger Dichtel 38(9)
John Donat 90(1)
Jean Dreyfus 10(5), 28(5), 34, 53(7), 89(5), 148(1,2,4,6)
S.Y. Du Barré 143(8,13)

Espaces Verts 14, 15, 63(3,4,6), 76(2)

Mark Fisher 22, 23

O.Giverne 143(7,11,14)
Gösta Glase 38(5), 53(5)
Rob Gnant 58(3)
Peter Gramowski 20

Jim Hallas 104(3), 105
David Hirsch 54
Bart Hofmeester 33(5)

Willi Klingsöhr 38(6)

Greater London Council 50, 135

Foto Maryronne 53(1,2)
Franco Mello 28(4)
Brian Milne 90(2), 92(9), 93
Mary Mitchell 68, 69, 70(2,3,4,5), 71, 118, 119(1)
Kees Molkenboer 49(3)
Robin Moore 138, 139(3,4,5,6,7)

Sigrid Neubert 51(2), 59(3,4)

Tomio Ohashi 116(2), 117(3)

J.Ritz 19(2)
Rotterdamsch Nieuwsblad 49(1), 94(3)
Stadt Rotterdam 46, 47
Paul Ryan 103

Eike Schmidt 94(6)
Yoshio Shiratori 120(1,2), 121, 122/123(6)
Jacques Simon 10(2), 12, 26, 28(1), 35, 36, 37, 38(1,7), 39(1,5,7,8), 42, 43, 53(6), 61(1), 65(4), 66(2), 67(5), 74, 75(4,5), 77(3,4,5,7), 78, 80(4), 82(1), 83, 89(2,3,4,6,7,8,9), 94(4,5), 95(1,2), 111(6,7), 119(4,5), 131(4,5), 134, 141(2), 144, 145, 148(3,5), 149
Richard Stein and Associates 86(2), 87(3,5,7)
Stadt Stuttgart 84(2,3), 85

L.Sudre 143(9,10,12)
Yo Suzuki 39(2), 126(6), 127

Angela Danadjieva Tzvetin 102

Hugo Uhl 37, 110(1), 111(3,4,5,8)
Gerhard Ullmann 7

Tohru Waki 114(2), 115
Helga Wilde 36
Herb Wong 139(8)

Zacharias 150, 151

Der Druck dieses Buches wurde von der Universitätsdruckerei H. Stürtz AG in Würzburg vorgenommen.
Die Ausführung der Reproduktionen lag in den Händen der Firma Brüllmann KG in Stuttgart.
Den Einband besorgte die Großbuchbinderei Josef Spinner in Ottersweier/Baden.